髙田賢三と私

「パリの息子」とすごした37年間

鈴木三月

時事通信社

髙田賢三氏直筆

色の魔術師・フォークロアの世界
KENZO COLLECTION

'82/'83A/W 200メートルにおよぶリボンのパッチワークで作られたウェディングドレス
（Photo by 大石一男）

'75/'76A/W　中国ルック・花柄ミックス。角帯からイメージしたベルト（腰巻き風）（Photo by H.Ferurer-Stern）

'71/'72A/W　平面カット直線裁ちの代表作。キモノスリーブを取り入れ、色彩豊かなコートドレス（Photo by 増渕建夫）

'84/'85A/W 柄と柄のレイヤードスタイル。フォークロア調で（Photo by 大石一男）

'86/'87A/W 花柄のニットワンピース。マフラーや小物も花柄の小物でコーディネート（Photo by 大石一男）

'75/'76A/W パリからモデルを連れ日大講堂にて日本凱旋ショーを開催（Photo by 大石一男）

1999年10月 KENZO30周年（30ANS） 集大成のショー／上 POPでヒッピーなイメージをテーマに／下 バカンスをテーマに（Photo by 大石一男）

'84S/S ボーダーとサマーニットの柄ON柄のスタイル（Photo by 大石一男）

'88/'89A/W ルネ・マグリット（画家）をイメージとした作品（Photo by 大石一男）

1999年10月 KENZO30周年（30ans）。最終のプレス用リリースチェック中の賢三氏と筆者（©Richard Haughton）

東洋と西洋の融合
高田賢三の世界観

2021年『家庭画報』4月号誌上で世界的デザイナー高田賢三と日本が世界に誇る「香川漆器」のコラボレーション企画作品（漆重箱と漆プレート4枚セット）（撮影：鍋島徳恭／世界文化社『家庭画報』より）

2020年1月 HOME & LIFESTYLEの新ブランド「K三（ケイスリー）」を世界に向け、パリのメゾン・エ・オブジェ（最も重要な室内装飾見本市）に出展。世界から注目を浴びる。コレクションは三つのテーマによって構成。和と洋を高田賢三の感性というフォルターを通し創り上げた。テーマは、右上：MAIKO（舞子）、左下：SHOGUN（将軍）、右下：SAKURA（桜） ©K三（ケイスリー）

故郷の姫路・アクリエひめじ（姫路市文化コンベンションセンター）2021年9月開館の大・中ホールの緞帳のデザインを寄贈した。大・中ホールともに、賢三氏が大好きだった芍薬の花をモチーフとし描かれている。
上：SUNRiSE（サンライズ）／大ホール。朝陽が姫路城と大地を照らす情景（横22m縦12m）、下：SUNSET（サンセット）／中ホール。夕映えの幻想的な光の中に浮かぶ姫路城（横18m縦10.5m）

2019年10月 筆者の経営する会社（株）セ・シュエット）30周年記念と筆者誕生日会に賢三氏が絵を贈呈

2019年10月 東京文化会館大ホール オペラMADAME BUTTERFLY（蝶々夫人）の衣裳を担当。宮本亞門氏演出／東京二期会オペラ劇場・ザグゼン州立歌劇場・デンマーク王立歌劇場共同制作公演（写真提供：公益財団法人東京二期会、撮影：三枝近志）

クリエーションにはいっさいの妥協はない。世界のKENZO TAKADAに一瞬で変わるとき

2019年
蝶々夫人デザイン画

2019年 新ブランドK三のデザイン画

2019年 蝶々夫人の衣裳デザインチェック

1965年 帰国直前に一心不乱に描いたデザイン画（原本）

賢三氏のデザイン画
（『KENZO TAKADA』（2018、Éditions du Chéne）より）

デザイン画
（『KENZO TAKADA』（2018、Éditions du Chéne）より）

賢三氏が描いたアネモネ
（左も同様）

賢三とめぐった
たくさんの国と楽しい旅の想い出

人を楽しませ、驚かせ、喜ばせた
素顔の賢三

Takada

賢三と筆者の
37年間の絆

Merci beaucoup à tous !

Kenzo Takada

すべての皆様に感謝の気持ちを込めて…

高田賢三

髙田賢三と私

「パリの息子」とすごした37年間

Prologue　パリからの電話

2020年10月4日。忘れもしない日曜日の深夜、東京の自宅で携帯電話が鳴った。少しいやな予感がしたが、賢三さんにかぎってそんなはずはない、絶対に生還して「あのときは本当に大変だったよ」と、何でもなかったように言ってくれるはず……と念じながら、パリのスタッフからの電話に出た。

冷静にひととおりの話を聞き、さまざまな報告を受ける。

でも電話を切った後、頭の中が真っ白になった。「賢三が亡くなった」という、ひと言だけが、リフレインするように脳裏に響いていた。

一気に痛いほどの悲しみが押し寄せてきたが、自分にはやらなければならないことがある。鳴り続ける問い合わせの電話に対応し、メールを返し、そしてパリから送られてきたフランス語のプレスリリースを翻訳する。まるで機械になったかのように、パソコンのキーボードを打ち続けた。

すぐにでもパリへ飛んでいきたい気持ちを堪えて。

賢三さんの仕事を支え、そしてプライベートマネージメントもお手伝いさせていただいた37年間。まさか彼の訃報を伝えることになるなんて思いもしなかった。自分が続けてきたPR（アタッシェ・ドゥ・プレス）。メディアに情報を敏速に流すという仕事の中でも、こんなにもつらく、困惑したことは未だかつてない。賢三さんは、私にとってあまりにも大切で大きな存在になっていたのだと、改めて気づかされた瞬間だった。

思い返せば、「熱があってね」と電話があったのが、2020年の9月初旬。その数日後に入院して、それからわずか半月だった。最後に交わしたショートメールも、まさか最後になるとは思っていなかったので、ごく短いやりとりをしただけだった。文字だけが残り、それを開いただけで記憶がフラッシュバックしてしまう。

でも私はあえてそのメールを大切に保存し、そして何か決断をしようとするときに、読み返しながら賢三さんに問いかけるように、勇気をもらうようにしている。

早いもので、もう三回忌もすぎた。コロナ禍の中、いつもより時間が早くすぎたように感じる。でも、賢三さんのことを一日も忘れたことはない、いつも傍にいる気がしている。

私はこの書籍を通し、賢三さんとすごした37年間の思い出とともに、その素顔と横顔、そしてお人柄、賢三さんの魅力を多くの方に伝えることができたらと思っている。

賢三さんへの感謝の想いを込めて――

Mille Mercis Kenzo !!

高田賢三と私　目次

Chapitre 1

賢三さんと私、そして出会い

不思議な共通点

賢三さんをサポートし続けてきた37年間を振り返ると、まるで夢のような、奇跡ともいえる年月だった。もう会えなくなってしまった現在(いま)も、運命の糸で結ばれている感覚を持ち続けている。

〝世界の高田賢三〟と私、スケールは天と地の差があるけれど、不思議と共通点があった。

歳の差は20歳。身長は20㎝差。体重は20㎏違う。賢三さんが自身のブランドをスタートさせたのが30歳。私がアタッシェ・ドゥ・プレス（アウトソーシングのPR）の会社を立ち上げたのも30歳だった。「ケンゾー（ＫＥＮＺＯ）」の30周年を機にブランドを退いたのは１９９９年10月、賢三さんが60歳のとき。その20年後の２０１９年10月に私も60歳で、立ち上げた会社の30周年を迎えた。

そして賢三さんは81歳を迎える２０２０年に、ライフ＆ホームスタイルの新ブランド「K三（ケイスリー）」をパリで立ち上げた。私も同年、61歳のときに「Minimalize＋plus（ミニマライズ＋プラス）」というブランドを東京でスタート。なぜか「20」という数字とタイミングが重なっていた。

もう一つ、亡くなられた後にわかったことがある。

賢三さんの誕生日は2月27日、私は3月13日で、同じ魚座だけど半月ほど違う。でも賢三さんが産まれた後に出生届が出された日付が、何と私の誕生日だったのだ。そ

不思議な共通点がある髙田賢三さんと筆者

の書類を目にした瞬間、驚いて固まってしまった。――まただ。またつながっていた。

他にもこんなこともあった。2016年の賢三さんの誕生日の日に、お祝いの言葉を伝えようと思っていたら、賢三さんから電話があった。「今、病院なんだけど、急性膵炎（すいえん）で入院したんだよね」と言う。そのときはずいぶん驚いたし心配もしたが、その後半年ほどで回復した。

でもその翌年、今度は私が慢性膵炎になってしまったのだ。「私も膵炎になっちゃいました」と、電話で伝えたら、「僕はうつしていないよね？」と言うので、「膵炎はうつりませんから、私の不摂生です」と答え、二人で笑った。罹（かか）る病気までもつながるとは思わなかった。

そんな話をすると、まわりの友人たちは「前世では、親子や兄妹、または夫婦だったんじゃない？」と口々に言う。

世界的なファッションデザイナーである賢三さんと私は、まったく違う人生の道程を辿（たど）ったが、お互いの道が交差してからは本当に家族のように大切な人になった。ともに笑ったり悩んだり、多くの時間を共有できたことに心から感謝している。今では家族を超えて、守り神のような存在だ。

学生スタッフとしてショーの舞台裏へ

今でも鮮やかに思い出すのは1982年のこと。

私がパリ留学の後に勤めていた会社を辞めて、ファッションの専門学校「SUNデザイン研究所　スタイリスト科」で勉強していた頃、当時すでに世界で活躍していた二人のファッションデザイナー、三宅一生さんと高田賢三さんによるファッションショーが東京で開かれることになった。

とても大きなイベントで、日本でも高い支持を集めるお二人だったため、観覧チケットはもちろん入手困難だった。

ただ幸いなことに、私は学生スタッフとして参加できたので、裏方としてではあるが、ライブのショーの現場を体験することができた。

「ISSEY + KENZO」のジョイントショーの会場は、品川プリンスホテルのゴールドホールだった。KENZOブランドのフィッター（舞台裏でモデルの着付けを担当する役割）としてお手伝いすることになった私は、二つのブランド名がプリントされたスタッフＴシャツを着て、バックステージで奮闘した。

ショーの終盤では、舞台のほうから拍手と歓声がもれ聞こえてきた。フィナーレは大変な盛り上がりをみせ、ショーは大成功だった。

私たちスタッフは終わった後も興奮冷めやらぬまま、賢三さんの姿を見つけるなり駆け寄って、Ｔシャツの背中にマジックペンでサインをしてもらった。今思えば、当時はミーハー心が丸出しだ。

それが賢三さんとの最初の出会いだった。下っ端のスタッフにすぎない私たちに対しても、賢三さんは本当にやさしく、最初に会ったそのときからその心遣いに胸を打たれたのだった。

ＫＥＮＺＯブランドのＰＲ担当に

ジョイントショーの翌年、ＫＥＮＺＯブランドのレディースのライセンスである会社「株式会社エルカ」に、私が入社したのは、必然的だったように思う。

1982年「ISSEY MIYAKE＋KENZO TAKADA――出会いと燃焼」のスタッフTシャツ（サイン入り）

1982年「ISSEY＋KENZO」ショーの特集号表紙（『毎日グラフ』）

さまざまな海外ブランドを取り扱う会社だったが、私は最終的にKENZOブランドのレディース部門の広報（PR）担当に就いた。

「エルカ」と賢三さんは、実は1970年以前（KENZOブランドとのライセンス契約をする前）にデザイン契約をしていた。展開していたブランドの名前は「SIXIÈME（シゼム）」という。フランス語で「6番目」という意味だ。賢三さんが晩年に好んで住んでいたパリの地域も「le sixième（6区）」。これも不思議な縁のように思った。


それからは年2回、ライセンス企業のPR担当として、私はKENZOのパリコレクションを見にいっていた。逆に、賢三さん自身が日本の会社に打ち合わせに来ることも多かった。

まだ入社してから間もない頃、賢三さんが最も信頼していたパートナーであるグザヴィエ・ドゥ・カステラ（Xavier de Castella）さんとともに帰国した。グザヴィエさんは、ルイ14世から伯爵の称号を受けたフランスの貴族の家柄で、建築や経営にも長けていた。

私はフランス語が少しばかり話せたので、最初は緊張しながらグザヴィエさんと話をしていた。その後、賢三さんから「グザヴィエが（私の）フランス語の発音をほめていたよ」と聞いて、とてもうれしかったことを覚えている。

ちなみに私のフランス語は、今もあまり上達してはいないが、賢三さんはずっと上手だと勘違いしていたのだと思う。ある意味、グザヴィエさんが賢三さんから私への信頼を後押ししてくれたのかなと思い返すと、感謝の気持ちでいっぱいだ。

1960年後半　賢三さんとエルカとのデザイン契約ブランドのSIXIÈMEのショッパー

1985年前後　エルカのクリスマスパーティー（グザヴィエ氏（中央左）と近藤敦子さん（中央右）とKENZO JAPAN社長（当時）（右）と筆者（左））

１９８０年代半ば、賢三さんがとても信頼していた「エルカ」の社長と、私の直属の上司の修さん（エルカの企画部長だった中村修三氏）がパリに出張するときに同行した。

現地で修さんが、改めて賢三さんに私を紹介してくれたときが、きちんと賢三さんに認識してもらえた始まりだったと思う。それからずっと変わらずに、私のことを「鈴木さん」――フランス語のときには「ＹＡＹＯＩ」となる――と呼んでくれた。

ショーの前には、コレクション準備を近くで見るためにアトリエへ赴く機会があった。独創的な発想、華やかなデザインやコーディネート、それはそれは素晴らしい世界が広がっていて、すべてを目に焼き付けようと、私は時間を忘れて夜中まで見入っていった。

本番当日に向けて、メディア向けのプレスリリースを作るために、フランス語から日本語に訳すのは、当時の私の大切な仕事の一つであった。仕上がったら賢三さんのところに持っていって、慌ただしいショーの準備の合間に最終確認をしてもらうのである。まだ20代だった私にとって、心臓が飛び出るほど緊張する瞬間だった。

1990年代 京都でのライセンス会議後の食事（修さん（左）・賢三さん（中央）・筆者（右））

1990年代 KENZO PARIS本社での展示会メディア対応

1990年代 KENZO PARIS本社での展示会メディア対応

1996年 第4回フランス映画祭横浜 筆者メディア対応

長い手紙と再会

1990年、私はエルカを退社し、KENZOブランドのライセンス関連の仕事から離れることになった。

そのときに「手紙を送ろう」と、8年にわたりお世話になった賢三さんへの感謝の気持ちをしたためていたら、想いが溢(あふ)れてきてとても長い手紙になってしまった。

もうお逢(あ)いすることもないかもしれない。最後に、「益々のご活躍を陰ながらお祈りしています」という一文を添えた。

一度ファッションの世界から離れ、自分なりに仕事に対する考えを整理していたのだが、気がつくと日々はすぎていく。

2カ月ほどが経ったある日、夕食の買い出しの途中に、ふと街中のテレビが目に止まった。流れていたのは「パリコレ開幕」というニュース映像である。何だか懐かしい気持ちが溢れ、そして心の中で何かが引っかかった。あぁ、いつもこの時期はパリに行っていたな。自分は今、ここで何をしているのだろう。どことなく虚無感に襲われたのを覚えている。

それから1カ月も経たないうちのことだった。「賢ちゃんが来ることになったから、挨拶しに来いよ」と修さんから電話があった。日本で若者向けに展開していたKENZOのディフュージョンラインのショーを開催するために、賢三さんが帰国するというのだ。「必ず行きます！」と約束した。

1990年 日本におけるKENZOブランドのディフュージョンライン"Composition by KENZO TAKADAのコレクションのノベルティー。この機に賢三さんからパリとの契約を持ちかけられた想い出のショー

当日、賢三さんにご挨拶をしようと、ショーが終わった後に私は舞台裏へ足を運んだ。そのとき、久しぶりにお会いした賢三さんから、思いもよらないお声がけをいただいた。

「今、何をしているの？　よかったら、ＫＥＮＺＯブランドの日本事務所を開設したので、ＰＲを担当してくれないかな？」。

その頃、私は会社を立ち上げようと準備を始めていたところだった。なのでとっさに、自分でも驚くほど図々しいお願いをしてしまった。

「もし可能でしたら、自分の会社を立ち上げる準備をしているので、その会社と契約してくれませんか？」と。

すると、賢三さんはにこやかな表情で、「鈴木さんが一緒に働いてくれるのであれば、ぜひ」と、わがままな私の提案をその場で受け入れてくれた。

「はい！　何でもします！」と、つい舞い上がっておかしな返事をしてしまった。

やはり私はもう一度、賢三さんの仕事に携わって、少しでも役に立ちたかったのだ。うれしさとともに、心の中で引っかかっていた何かが自然とほぐれていった。

Chapitre 2

プライベートマネージメント

賢三さんの公私ともに

賢三さんと私の本格的な仕事が始まった。

「ＫＥＮＺＯブランドのＰＲ担当」とひと言で言っても、仕事はとても多岐にわたる。日本がちょうどバブル経済でわいていた時代でもあり、パリだけではなく、日本でも多忙を極めていった。

レディースとメンズのコレクションで最低でも年に４回はパリに行き、その他にも必要があれば「来てほしい」と、パリから連絡が入る。日本ではＫＥＮＺＯのライセンス関連（当時35社前後のライセンスがあった）の仕事もある。そして毎シーズンの広告出稿の段取りや手配、賢三さんのメディア対応などなど……とにかく、いつもさまざまな業務に追われていた。

１９９１年頃だったと思う。「個人的な用件も、いろいろ手配をしてくれませんか」と、賢三さんからプライベートマネージメントのお声がけがあった。つまり、賢三さんを公私でサポートするということである。

さらに忙しくなることは想像に難くないけれど、うれしくて「お役に立てるのであれば何でもします！」と、またまた即答した。

賢三さんは、まわりの人を笑顔にしてくれ、心配りがあり前向きで、「この人のために何でもしたい」という気持ちにさせる人だった。

来日の際には空港までお迎え

最初はハラハラ・ドキドキで、何をしたらいいのか手探り状態だった。

日本に到着するときには、いつも空港まで車でお迎えにいった。パリを経つ前に必ず連絡をくれて、やさしい賢三さんは「ホテルで待っていてくれればいいから」と気を遣ってくれるけれど、気持ちよく日本で滞在してもらうために、私は送り迎えを続けてきた。

その当時、賢三さんから「持ってる？」と聞かれそうなお水やタバコ、ティッシュ（賢三さんは「クリネックス」と言う）、のど飴（あめ）など、必要なものがすぐに手渡せるように準備した。さらには大好きなどら焼きや豆大福（粒あん派）などをバッグに入

日本到着時。到着ロビーで、お帰りなさいのハグ（賢三さんと筆者）

空港へお見送り。出発ゲートで（賢三さんと筆者）

れて、空港の到着ロビーで待つのがルーティンだった。

何か聞かれてもすぐに答えられるように、頭の中も準備していた。メモを見て話すのは失礼かなと、忘れそうなことはこっそり手の甲に書いていた（手のひらだと手汗で字が消えてしまうので）。それでも、到着される瞬間からとても緊張した。

あるときから数年間は決まったドライバーの方にお迎えをお願いをし、私はホテルで到着を待つようになったが、二度ほど空港からの道があまりにも空いていて、賢三さんが予定より早くホテルに到着してしまい、部屋でずいぶん長く待たせてしまったことがある。そのときは「世界の高田賢三を待たせてしまった……」と、汗だくになって恐縮するばかりだった。平謝りしたが、「大丈夫、気にしないで。日本人だからね」と、賢三さんはウイットとして笑顔で受けとめてくれた。

心地よくすごしてもらうために

東京で賢三さんがよく滞在していたのは、マンダリン オリエンタル東京（長年、アンバサダーだった）やパークハイアット東京、グランドハイアット東京などだ。近年は、パレスホテル東京が大のお気に入りだった。「パレスホテルは皇居と同じ住所なので、何か神聖な感じがする」と言っていた。

ホテルの部屋に着いたら、お風呂にお湯を張り、疲れを取ってもらっている間に、賢三さんにとって必須のうがい薬やサプリメント、葛根湯（かっこんとう）、ユンケルなどを洗面台に置く。テーブルには、その季節の生花を飾る。ラゲージから荷物を出してハンガーにかけ、シワになっているものはプレスに出す。Tシャツや肌着、靴下を引き出しの定位置にしまう。まるで母のような気分で、賢三さんの醸し出す温かい雰囲気の中、私はその時間が心地よかった。

賢三さんがお風呂から上がったら、シャンパンでウエルカムをして、食事に向かうのがお決まりコースだ。何を食べたいかを予測し、滞在中の夕食のレストランは来日前にすべて予約して準備万端にしておくのも大切なことの一つだった。

外出する際はスムーズに行動できるように、私の会社のスタッフも協力してくれた。エレベーターを待たないで乗れるようにしたり、タクシーを停めておいたり、先回りして想像力を働かせ、賢三さんが心地よくすごせることばかりを皆で考えていた。

賢三さんはよく水を飲む。KENZOブランドを手がけていた頃も、ショーのバックステージで2ℓ入りのミネラルウォーターを片手に仕事に没頭していた。蓋が空いていることを忘れて、よくこぼしてしまうほどだった。水分の補給量が多いので、移動のときにはトイレの場所のチェックも欠かせない。

また、食事で服を汚してしまったときのために、ウェットティッシュと小さめのタオルをかばんの中にいつも忍ばせていた。

私をそっと見てくれていた賢三さん

精一杯に賢三さんのプライベートマネージャーを努めてきたが、実は一度だけ、私

グランドハイアット東京のロビーでくつろぐ賢三さんと筆者

マンダリンオリエンタル東京で、長年アンバサダーだった賢三さん

近年定宿にしていたパレスホテル東京のロビーでお花と同色のストールでコーディネート

近年定宿にしていたパレスホテル東京のロビーで

がお酒の席で飲みすぎてしまったことがあった。いつもは賢三さんの意見を聞いたうえで自分の意見を言うのだが、少し酔っていたこともあり、自分自身の意見をまず口に出して、失言をしてしまい、賢三さんに不愉快な思いをさせてしまったことがある。夜中に帰宅してから猛省し「何て自分は最低なんだ」と眠れずに朝を迎えた。

次の日の夕方にはまたお会いする約束がある。土下座で謝ろう……そう思ってホテルの部屋に入ったら、「昨日はごめんね。お互いに酔っていたからね」と、賢三さんがグラスを差し出してきた。シャンパンを冷やしておいてくれたのだ。

「謝るのは私のほうです」と、涙が溢(あふ)れた。どんなときにも人の立場になって考える人なんだ、と胸に染みた。

また、賢三さんは意外に私をよく見ていた。

KENZOブランドの本社はパリのヴィクトワール広場にあり、ある日、その広場の一角で私がタクシー待ちをしていたとき、「次が私の番だ」と思ったら強気なフランス人のおば様が割り込んできたので口論になったことがある。フランスでは自分の意見をしっかり言わないと、相手にされないこともあるので、私はしっかり自分の言

１９９９年 プレスコンファレンスの前打ち合せ（賢三さんと筆者）

１９９４年 筆者オフィスにて（妊娠６カ月）

１９９２年 ホテル リッツ・パリで、ＫＥＮＺＯ ＫＩＭＯＮＯのお披露目・レセプション（京都の老舗・千吉株式会社とのライセンス）

筆者の手には賢三さんのお水が。つねに必要とされるものを持ち歩いていた。

１９９０年代 賢三さんもご友人の宮内圭子さんと（圭子さんと筆者はＫＥＮＺＯブランドの同じスーツ。示し合わせたように）。賢三さんの着物の色ともマッチングしていた

2018年　トークイベントでの舞台でのサポート風景

2017年　生前コラボレートしていたメガネフレームメーカー（増永眼鏡株式会社）の青山の店舗での展示会で

い分を主張した。

結局は私が先に乗ることができたのだが、次の日に会社に行くと、賢三さんがニコニコしながら近づいてきて、「鈴木さん、昨日タクシー乗り場でもめていたね」と言われた。3階の会社の窓から見ていたそうだ。そして、「強かったね」と。わ〜、見られていた！　少し恥ずかしくなり、「フランス人にはフランスの精神で」と、私は賢三さんに答えたものだ。

Chapitre 3

賢三さんとPARIS（1960～70年代）

賢三さんの報道やインタビュー記事や『夢の回想録――髙田賢三自伝』（日本経済新聞社）、そして「時代の証言者」（讀売新聞社）の連載などで、すでに皆様はご周知のことかもしれないが、賢三さんの行動力や夢に向かうときの気持ちも含め、改めてご紹介したいと思う。

パリモード界での革命

デザイナー・髙田賢三。

芸術の都パリを拠点に、生涯にわたり世界のモード界に革命を起こした賢三さんのご功績はすでに知られていることも多いと思う。

賢三さんが1965年にパリに渡ったその後、68年に五月革命が勃発した。社会変革を求め、反体制によって既存体制を壊そうとする社会運動は、長期化していたベトナム反戦運動、そしてアメリカ発祥のヒッピーの拡大につながるなど、世界中で「自由」と「平和」が叫ばれるようになった。そしてこの時代のムーブメントはパリのモード界にも大きな影響を与えることとなる。

それまでは、ファッション界では、オートクチュール（高級注文服）のように身体のラインにそった服が主流だったが、その後プレタポルテ（高級既製服）へと移行していった。この時代、賢三さんは東洋と西洋を融合したデザインをパリで次々と発表し、瞬く間にパリのモード界に旋風を巻き起こしたのだ。それは、服という形に「身体を解放する」という新しい息吹を吹き込み、その時代背景にあった〝ゆとり〟や〝遊び心〟という概念をもたらした。また、ショーの見せ方という観点にもこだわり、会場の選出や演出、モデルがランウェイを歩く際に初めて音楽を流すことなど、賢三さんが当時のショーの常識を覆したのだ。そして、現在のコレクションの基盤を築いた。

KENZOブランドは賢三さんがパリで発表し、「木綿の詩人」「色の魔術師」と絶賛され、フランスが育てた「フランスのブランド」として世界中に色彩と自由をもたらした。これはパリをはじめ世界のモード界に、大きな衝撃を与えた。

この「革命」を起こしたのが、日本人・髙田賢三なのだ。

——賢三さんの謙虚さと無邪気さ——

賢三さんは、夢に向かい、やりたいことに対してはとても大胆だった。一瞬のひらめきからわくわく感が止まらずに、思い立ったらすぐに行動する。自らの手で道を切り拓くすごいパワーの持ち主だ。

それでいて、人に対して敬意をもって接し、真摯で誠実で思いやりに溢(あふ)れていた。よくメディアの取材で「フランスと日本の懸け橋ですね」と言われると、賢三さんは「時代が僕を後押ししてくれた」「皆さんのおかげ、協力があったから今の自分がいる」と答え、いつもまわりに感謝していた。

こんな謙虚な言葉をスマートに言える人は、世界中を探しても数少ないのではないかと思う。

その一方で、まわりを驚かすようなことや楽しいことが大好きで、ユーモアや茶目っけに溢れていた人だった。

モードの都、憧れのパリへ

のちに「パリの息子」とまで呼ばれるようになった賢三さんだが、若き賢三さんにとって、パリは永遠の憧れだったそうだ。

「いつかその地を訪れたい」という想いが募っていた20代半ば、賢三さんのもとに思いもよらぬチャンスが舞い込んできたという。当時住んでいた六本木のマンションが東京オリンピックに向けて改築されることになり、立退料という臨時収入が入った、というのだ。

「今しかない！」と、文化服装学院からの友人である松田光弘（ニコル創設者）さんとともに渡仏することを決め、婦人服のデザイナーとして勤めていた銀座の三愛に半年間の休職願を提出した。

普通であれば、今の生活を変えてまでも、それがたとえ憧れのパリであっても、「立退料＝パリ行き」にはならないと思う。だが、賢三さんは違うのだ。決して揺るがず、こうだ！　と思ったら突き進む、その行動力が〝世界のKENZO TAKADA〟なのだ。

そして、学生時代の恩師である小池千枝先生の助言を受け、飛行機ではなく、何と船でパリへ旅立ったのである。

パリ行を船旅でとアドバイスをいただいた恩師・小池千枝先生と友人の松田光弘氏

恩師・小池千枝先生は、パリでイヴ・サンローラン氏と机を並べて勉強された方

1964年11月30日、賢三さんと松田さんを乗せた「カンボジア号」は、横浜から出航しゆっくり日本の地を離れていった。

当時25歳の賢三さんにとって、生まれて初めての海外旅行になった。船旅は約1カ月をかけて、香港、サイゴン、シンガポール、コロンボ、ボンベイ、ジブチ、アレクサンドリア、バルセロナを寄港しながら、終着地のマルセイユをめざす。

それぞれの国に立ち寄るたびに、初めてふれる独特な文化や、伝統的な民族衣装を目にしては刺激を受ける日々。そして、この経験が、のちの賢三さんのクリエーションに大きな影響を与えることになるのだ。

マルセイユから列車に乗り、パリのリヨン駅に着いたのは1965年元旦の夕方。どんよりとした曇り空がとても暗く感じて、想像していたパリとはまったく違っていたという。ただ、ノートルダム大聖堂の美しいライトアップを目にしたときに、初めてパリに着いたことを実感したそうだ。

滞在中は、とにかく歩いてパリ中をめぐったそうだ。シャンゼリゼ通り、サントノレ通り、またサンジェルマン・デ・プレの有名なカフェ「Les Deux Magots」や「Café de Flore」のテラス席に座って街行く人の装いを一日中観察したり、夜はディスコに繰り出したりと、思いっきりパリを楽しんだ。パリ以外にも、船旅で寄港した国々とは違った、フランスの近隣国であるヨーロッパ諸国にも足を運んだ。

本場のオートクチュールコレクションを生で見ることもできたそうだ。シャネル、ディオール、ピエール・カルダン……裁断・縫製技術はもちろん、テキスタイルや装飾の細部まで洗練されていて美しい。

1964年11月横浜港からフランスに向けて出航した『カンボジア号』の船上にて。友人の松田光弘氏（右）と賢三さん

1964年11月横浜港からフランスに向けて出航した『カンボジア号』の船上にて。友人の松田光弘氏（左）と賢三さん

船旅寄港地アフリカ・ジブチで松田光弘氏（右）と賢三さん

その素晴らしさに衝撃を受けたが、一方で気持ちは沈んだという。日本でファッションを学び少しは経験を積んでいたつもりでも、「モードの都パリでは到底通用しない」と思い知らされたからだった。

帰国目前、後悔したくない

やがて春が訪れて住み慣れてきた頃、おしゃれでカッコいい人たちが街に溢れていた。ふと街中のショーウィンドウを見て「おかしな奴が映っているな」と感じたことがあったそうだ。

それは紛れもなく自分自身の姿。

カッコいいパリジャンとは何かが違う。東京では流行の最先端だったアイビールックも、パリの街では違和感があった。実は賢三さんは、日本人である自分の体型や顔つきなどに対して、それなりにコンプレックスがあったそうだ。

でも、いつも前向きな考えの持ち主である賢三さんは、身近な生活の中でセンスやスタイルの違いを実感しては刺激を受け、すべてを吸収していった。賢三さんにはマイナス思考など存在しないのだ。

当時のパリの活きたファッション情報は、日本の雑誌社が必要としていたため、パリの街角スナップを撮影してレポート文とともに寄稿する、という仕事を引き受けたこともあった。

生活の足しにはなったが、夢のパリまで来たのに本当にやりたいことが何もできていない自分が情けなくも感じていた。

このまま帰国したらきっと後悔する。モードの本場パリで自分の力を試してみたい。そんな焦がれるような想いが募り行動を起こしたのは、半年という滞在の期限が近づき、「帰国」の二文字が頭によぎる頃だった。

屋根裏部屋のような狭いホテルの一室で、賢三さんはスケッチブックを引っ張り出し、火がついたようにデザイン画を描き始めた。何枚も、何十枚も。

そして、「旅の恥はかき捨て」とも言わんばかりに、翌日、大胆な行動に出た。デザイン画をかかえて向かった先は、「ルイ・フェロー」のブティック。学生時代に東京でショーを見たことがあり、以来ファンになったブランドだ。

「デザイン画を見てほしい」とアポなしの訪問をする。普通なら門前払いをされることを恐れると思うが、賢三さんには「怖気づく」という言葉がない。ただただ目標に向かって突き進む。わくわく感が半端でない感じだ。

あいにくルイ・フェロー氏ご本人は不在だったが奥様が快く対応してくれて、何と気に入ったデザイン画を購入してくれたという。

この出来事が、髙田賢三の人生を切り拓く転機となったのは間違いないと思う。

1965年 帰国目前、必死に描いたデザイン画。ルイフェローをはじめ雑誌社や企画会社へ売りに行く

1965年代以降 パリのアパートにて

その後もファッション雑誌『ＥＬＬＥ』や『ジャルダン・デ・モード』、百貨店の「プランタン」や「ギャラリー・ラファイエット」など、デザイン画が次々に売れた。それぞれの担当者が売り込み先を紹介してくれることもあり、ひたすら描いてはパリ中を走り回る日々をすごしたという。

このように人から人へつなげてもらえる、「人懐っこい」愛される人柄の賢三さんは、穏やかで控えめだが、チャンスをつかむときの瞬発力も同時に持ち備えている人なのだ。そして、必ずブレずにやり遂げる芯の強さがある。

１９６０年代の欧州は、まだアジア人が職を得ることは難しく、ましてやファッションデザイナーなんて夢のまた夢だった。知り合いには「絶対に無理だ」と言われていたそうだ。

しかし半年間を無駄にはしたくない。「何かを残さないと帰れない」という一心で、最後に一歩を踏み出したことが実を結んだ。

そんな賢三さんでも、実は「デザイン画が売れなかったら…」と不安に思ったことも一瞬あったようだ。でも、そんなときも、「いつかチャンスは来る。違う仕事をしてでもパリに住み続けたい」と思ったそうだ。

しばらくするとワンピース専門メーカーの「ピサンチ」から「うちの会社で働いてみないか？」と声がかかる。デザイン画を描き、型紙に起こす、という仕事だそうだ。滞在許可証も労働許可証もその会社が入手してくれたおかげで、本格的にパリに住み、働くことが決まったのだった。

時代の転換期、夢を叶(かな)える

五月革命の影響で、賢三さんの創作活動は徐々に追い風となっていく。

当時の勢いにのった賢三さんについて、私は賢三さんの占いの話を思い出してしまう。賢三さんは占いが大好きだ。賢三さんはパリで会社に雇われて間もない頃、パリの友人と占いに行くと、「あなたは、大成功する」と占い師に言われたそうだ。それが的中するとは思いもよらず、そのときはただ友人と大笑いしていたそうだ。晩年も、「だいぶ前に占ってもらったときに書いたノートが出てきたんだけど、実際に当たっていたんだよ」と話していたことがある。

1970年4月 初のブティックをオープンしたギャラリー・ヴィヴィエンヌのパッサージュ（アーケード）の入り口。美しいパリの19世紀の空間

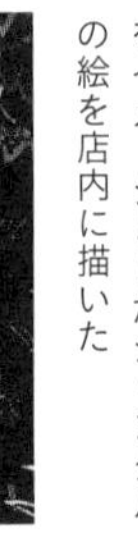

1970年 ブティックオープンに向けて、親しい仲間とアンリー・ルソーの絵画「夢」をイメージとしたジャングルの絵を店内に描いた

1970年 ブティックオープンに向け描いた壁画。自分たちの自画像も描き込んだ

1969年に運命の出会いが訪れた。

渡仏前に高輪プリンスホテルのブティックで働いていた方からマダム・スパングレーを紹介されていたが、パリの蚤（のみ）の市で、偶然にもそのマダムに再会したという。

人間の運とは、何と不思議なことか。

マダムは、パリ2区のギャラリー・ヴィヴィエンヌにいくつかの不動産を所有していて、「空き物件があるので店を出さないか？」と、賢三さんに持ちかけたそうだ。

これが、のちの「KENZO」ブランドの基石となった。

自分の店を持つことは賢三さんの夢であり、舞い込んできた大きなチャンスである。オープンまでの4カ月の間、毎晩深夜まで、親しい仲間とともに手探りで準備を進めた。大好きだったアンリー・ルソーの絵画作品「夢」をイメージし、店内の壁に描いたのはジャングルの絵。ユーモアを効かせて、オーナーのマダムをモデルにした人物像（自分たちの自画像）なども描き込んだという。そんな中、先立つものが必要となり、一時帰国して資金を工面するなど、クリエイティブ以外の苦労も経験した。またその際に、日本橋や浅草、そして下北沢などの生地屋さんを回って日本らしい素材を調達した。

店名は「Jungle Jap（ジャングル ジャップ）」にした。1970年4月、ブティックのオープンと同時に店内でショーを開催した。

1970年4月 初コレクションのインビテーションの画像

1970年初コレクションは、ヴィヴィエンヌのブティック内で開催。映画マカロニウエスタンのテーマ曲を流した

初めて発表したコレクションは、「自分のアイデンティティーとは何か」を表現し、日本の要素をふんだんに取り入れた。歌舞伎や能の衣装、着物の生地や平面裁断の仕立てなど。色や柄を大胆に組み合わせた作品に合わせて、ラジカセでその当時の流行りの音楽を流すなど工夫し、楽しく明るいムードを作り上げた。

当時のパリのモード界は、オートクチュール（高級注文服）からプレタポルテ（既製服）へと軸足が移行し始めていたが、賢三さんが作るコレクションは「アンチクチュール」と揶揄されたこともあったという。

しかしそれよりも大きかったのが、斬新なデザインを絶賛する声だった。自由な発想と感性はすぐにメディアの目に止まり、2カ月後の6月15日には、麻の葉柄の日本の生地で作ったワンピースが『ＥＬＬＥ』の表紙を飾る。パリでファッションショーを実現した初めての日本人が、パリのモードの本場で旋風を巻き起こしたのだ。

実は人気の裏で、一つだけ問題になったことがある。

「Jungle Jap」というブランド名について。1972年にアメリカに招聘されたとき、日系アメリカ人らから抗議を受け、ショーは断念した。訴訟問題にまで発展してしまったことだ。賢三さんは「日本人の自分が蔑称（Jap）を使う」というウィットでつけた名だったが、「何も考えていなかった」と猛省したという。間違ったことは真摯に受けとめ、そして反省し、相手の立場になって考える。基本的なことだが、賢三さんはそれを素直にできる人なのだ。

その後、「ＫＥＮＺＯ」の名で展開することになる。

1970年初コレクションの2カ月後、『ELLE』の表紙を飾った

'71／'72A／W 平面カット・直線裁ちの代表作。着物スリーブを取り入れ色彩豊かなコートドレス（Photo by 増渕達夫）

生地選びの最中に撮ったプライベートショット

1972年 ニューヨークで予定されていたショーが中止に

日大講堂でのフィナーレはまるでロックスターのようだ（Photo by 大石一男）

1975年 日大講堂で「ケンゾーショー」'75／76A／W凱旋ショーを開催／株式会社SUNデザイン研究所主催／東京・京都織物卸商業組合主催／京都

「木綿の詩人」「色の魔術師」

ブランドデビューの当初は、賢三さんにはトップモデルを起用するような資金はなく、友人のモデルたちに声をかけて出演してもらっていた。

当時のオートクチュールのショーといえば、モデルが無音の中で番号札を持ってゆっくりと上品に歩く形が主流だったが、賢三さんはノリのよい音楽をかけて、モデルが飛んだり跳ねたりと楽しい雰囲気を演出した。

賢三さんは皆をあっと驚かせるのが大好きで、フィナーレで白馬や象を登場させたりもした。とにかくスケールが大きい！　舞台裏ではモデルたちにシャンパンをふるまい、観客を含め、誰もが笑顔になるようなランウェイだった。賢三さんのエンターテインメント性の高さは、世界のメディア・バイヤーからも高い評価を受けた。

その後も、さまざまな国の文化や民族衣装を、〝賢三さんの感性〟というフィルターを通し、フォークロアに昇華させたコレクションを発表した。長い船旅で各国を寄港した経験があるからこその活きたクリエーションだった。

「冬に木綿は使わない」という既存の概念を覆し、日本の「どてら」をイメージして中綿を入れジャケットを仕立てる。また、原色同士、花柄・ストライプといった柄同士の組み合わせが注目を浴びた。観客が殺到し、ショーが中止になったこともあったほどで、気がつけば、賢三さんは「木綿の詩人」「色の魔術師」と称賛され、パリコレの中心的存在となっていった。

賢三さんが特に気に入っていたのは、1975~76年秋冬コレクションの中国ルックだ。チャイナドレスと日本の角帯を融合したデザインで、男性の着物をさりげなく着こなしていた女性モデルの姿に感銘を受けて編み出したスタイルである。「東洋と西洋の融合」が高田賢三のスタイルとして確立し、認知を世界に広めていった。

こうして1970年代に名声を獲得した賢三さんだったが、来る1980年代以降は波乱の時代に移り変わっていく。

'75／'76A／W 中国ルック。花柄のミックス。レイヤードスタイル。角帯からイメージしたベルト（腰巻風）（Photo by H.Feurer Stern）

'77／'78A／W バルーンルック。バルーンルックの代表作。ビックなフォルム（Photo by 吉田大朋）

'78／'79A／W ミリタリー・宮廷・僧侶ルック 白馬に乗ったミリタリー・ルックの花嫁
©文化学園ファッションリソースセンター

Chapitre 4

賢三さんとＰＡＲＩＳ（１９８０〜90年代）

1980年、黄金時代

1970年に華々しくパリデビューを飾った賢三さんだが、「ビジネスの成功」というよりも、作品を発表するごとに「次は何を作ろうか」と、わくわくする気持ちのほうが大きかったそうだ。

「お金がなくとも好きなことができた時代がいちばん楽しかった」と、その頃のことを語ってくれたことがある。

会社経営についても素人同然のスタートだったが、夢追い人の賢三さんはあまりビジネス面での心配はしていなかった。

ただ当時、法人化するには経営者がフランス人でなくてはならなかったので、以前からの知り合いだったジル・ライス氏を共同経営者に据えた。彼は遊び友だちでもあり、楽しいことが大好きで人情味に溢(あふ)れる人物で、芸能・文化界の幅広い人脈が武器となった。しかし徐々に、会社を私物化するようなことが散見され、最終的には解任となる。

1980年代に突入し、いよいよビジネスの規模がふくらんでいく頃、後任に迎えたのは、パートナーのグザヴィエさんの紹介で経営のプロとして業界で活躍してきたフランソワ・ボフュメ氏だった。

KENZOブランドは世界展開を見据え、1983年にメンズウェア、1986年にスポーツウェアを発表した。ジーンズ、子ども服、香水など、次々に展開を広げていく。ニューヨーク、ロンドン、ミラノ、コペンハーゲンと海外店舗を一気に増やし、ライセンスビジネスも幅広く展開した。当時、洋服以外のアクセサリー等、花柄のお財布や傘、バッグ、ハンカチなどをお持ちの方も多くいらっしゃるだろう。

1970年代当時の「ジャングル・ジャップ」メンバー。賢三さん（中央）、近藤敦子さん（右端）、ジル・ライス（賢三さん右隣）

フランソワ氏の経営手腕によりブランド展開を世界的なものとし、年商も飛躍的に伸びていった。

ただ、その反面、70年代の心がわくわくするようなクリエーションというよりか、実売を考えなければならない時代へ突入したのも確かだ。

人気も成長の勢いも留まることを知らない黄金時代を迎え、周囲からの期待とともにプレッシャーも相当なものだったと思う。

でもそんなことは感じさせないほど、賢三さんのクリエーションは大きく羽ばたき、世の中の女性が楽しくハッピーになるようなコレクションを次々に発表していた。

そして、1985年には日本の拠点として、ケンゾー・パリ株式会社を開設した。

古城もサーカス小屋もショー会場に

「パリコレ」と呼ばれているパリのファッションウィークが正式に始まったのは、1973年までさかのぼる。オートクチュール（注文服）とプレタポルテ（既製服）

'83／'84 A／W 日本とヨーロッパのクラシックなフォルムの融合。木綿に綿入れをしている（どてら風） © 文化学園ファッションリソースセンター

'82／'83 A／W ２００mにおよぶリボンのパッチワークで作られたマリエ（ウエディングドレス）（Photo by 大石一男）

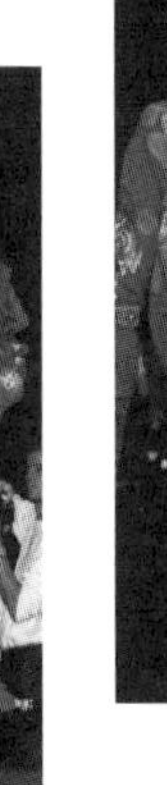

'86／'87 A／W 花柄のニットワンピース。マフラや小物も花柄でコーディネート（Photo by 大石一男）

'84／'85 A／W 柄と柄のレイヤードスタイル。フォークロア調で（Photo by 大石一男）

に分かれ、それぞれ年2回開催されるようになり、KENZOブランドはプレタポルテの中心的ブランドに躍り出ていった。

最終日にトップブランドがショーを行うのが慣習の一つで、KENZOブランドはその大トリという大役を何度も務めていた。

ショーは招待状がないと入れないのだが、会場周辺はいつもファンやジャーナリストなどが詰めかけてごった返し、熱気に包まれていたことを思い出す。

ショーは、デザイナーがモデルたちと登場して挨拶をすることで終わりを告げる。フィナーレが近づくと、観客席から「KENZO！ KENZO！」というコールが響き、スタンディングオベーションに湧いた。スポットライトを浴びて少し照れながらお辞儀をする賢三さんの姿が、とても印象に残っている。

会場選びも演出の一つだった。

1981年、忘れられないのはパリの中心部、ルイ14世の騎馬像が立つヴィクトワール広場（Place des Victoires）から放射線に伸びる道をすべて封鎖し、広場ごと大きなテントを覆い、ショー会場・ランウェイに変えてしまったことだ。広場の一角にKENZOのブティックとアトリエをかまえていたので、「その広場ごとショー会場にしてしまおう」という、賢三さんならではの驚くような発想だった。証券取引所や、郊外の古城を貸し切ったこともある。それらを実現してしまう実行力には目を見張るものがあった。

でも、すべてがうまくいったわけではない。歴史あるサーカス小屋「シルク・ディヴェール」でショーを開催したときは大変なことが起きた。

ヴィクトワール広場。ルイ14世の騎馬像がある 広場を大きなテントで囲い、放射線状に延びる道路を封鎖して、コレクションを行った

1976年に、ヴィクトワール広場に、ブティックとアトリエを結集

バックヤードにいた動物たちの中のヤギが、何と大切な進行表を食べてしまったのだ。ただでさえ本番直前はものすごい慌ただしさなのに、舞台裏はパニックになった。担当者だった日本人の男性スタッフが取り乱す中、「落ち着いて」となだめていたのは賢三さん本人だった。

ショーは一度かぎりの勝負で、失敗すればブランドの評価にかかわる。そのときのスタッフの心境を想像すると、私は冷や汗が出そうだ。

大切な人を失った１９９０年代

１９９０年代に入ると、ファッショントレンドに変化が訪れ始める。

「B.C.B.G.」と呼ばれる上品なフレンチカジュアルや、ボディコンシャスなスタイルで旋風を巻き起こした「アズディン・アライア」に代表される女性的なフォルムが主流になってきた。

それらとは異なる路線だったKENZOブランドの前に、壁のように立ちはだかった。女性の身体のラインを強調し、計算されつくされている流行のデザインに対し、賢三さんのデザインは女性の自然な愛らしさにフォーカスして可愛らしく、楽しんで着てもらう服であり、対極であった。

そんな中、賢三さんにとってこの頃に、心を痛める出来事も重なった。

１９９０年、賢三さんの公私におけるパートナーだった、グザヴィエ・ドゥ・カステラさんが他界した。

そして、追い打ちをかけるように、文化服装学院時代からの旧友で賢三さんの右腕だったパタンナーの近藤敦子さんが、１９９１年に脳梗塞で倒れてしまう。阿吽（あうん）の呼吸でデザイナーの意図を汲（く）み取って服という形にしていくパタンナーは必要不可欠な存在で、敦子さんの不在はブランドのクリエイティブ面に甚大な影響を与えた。

さらに不幸は重なり、同じ年に賢三さんのお母様が他界した。

賢三さんは、パリで大切な人を失った悲しみから逃れるために、クルージングの旅に出ている最中だった。今のように通信網が整っていない時代なので、訃報を受け取ったときにはすでに葬儀が終わっていたという。

この頃の賢三さんは、心が荒むほど深い悲しみと、途方もない虚無感に襲われていたと思う。

ＫＥＮＺＯブランド自体にも、暗雲が立ち込めていた。

業績はかろうじて維持していたものの、ビジネス面では共同経営者フランソワ氏と対立してきた。方向性が揺らいでいく……。

そこに持ち上がったのが、ブランドの買収話だった。

当時パリにいる賢三さんから、よく電話がかかってきた。ときには「明日こっちに来れる？」なんて、らしくない呼び出しに、急いで渡仏したこともあった。

何十年もフランスに住み、その国のことを理解していても、ビジネス上の複雑な契約条項の把握や決断は容易なことではない。

経営面のよき相談者がいなかったこともあり、賢三さんは夜も眠れず考えていたようだ。きっと心が悲鳴を上げ、精神的に追い詰められていたのだと思う。「信頼していたフランスの弁護士にも裏切られた」と、後から聞いた。

多くを語ることはなかったが、自宅のバーには度数の高いお酒が何本も並んでいて、夜更けまで飲んでいた姿を覚えている。

そしてついに、KENZOを手放す日がきた。

1993年6月、フランスの大手ラグジュアリーグループ「LVMH」に株式を売却し、傘下に入ることを決めたのだ。

その後もデザイナー契約を続けたが、1999年に契約を終了し、ブランド30周年を迎える2000年、21世紀、60歳という節目を前に、ゼロから育ててきたブランド「KENZO」を自ら離れた。

公私ともにパートナーだったグザヴィエ・ドゥ・カステラ氏（1990年他界）

賢三さんの右腕だった近藤敦子さん（1991年脳梗塞で倒れてしまう）

賢三さんとお母様（1991年他界）

「やっぱり僕にとっての全盛期は70年代。経営を気にせずに好きなことができたから。大変だったけど、楽しかった」。

気がつけばKENZOは、賢三さんだけのものではなくなっていた。それは複雑な想いだったと思う。もしもグザヴィエさんや敦子さんがいたら、違った結果や展開になっていたのだろうか……と、考えてしまう自分がいた。

「髙田賢三がKENZOを去る」というニュースは、業界に衝撃を与えた。フランスのテレビ局はトップニュースで扱い、新聞報道では一面を飾った。

私は情報を整理し、日本のメディアに向けてプレスリリースを配信した。

だがそれよりも早く、パリの通信社からの情報が、日本のマスコミに流れていたようだ。英語の「Retire（リタイア）」を「引退」と直訳し、「髙田賢三が引退する」といった内容で報じられていたのを見て、「違う、そうじゃない！」と慌てた。決してファッションやデザインの仕事から引退するわけではなかったから。急いで正しい情報の再配信をした。

そんな騒がしい日々の中、「パリは大変なことになっているみたいだけど、そっちはどう？」と、まるで他人事のように電話をくれる賢三さんがいた。そこが人としてすごいなあ、と思いながら、いつもどおりの声で安心した。でも、賢三さんが「どう？」と言ってくるときは、とても不安なときというのも実はわかっていた。

各所から問い合わせが殺到する中、〝世界の賢三〟の存在感を改めて深く認識し、「これからもお守りしなきゃ」と、気持ちを引き締めた瞬間だった。

最後のショーの舞台裏で

1999年10月7日、パリの郊外のコンサートホール「ゼニット」という大きな会場で、2000S／S発表後、30年間の集大成としてのショー「KENZO 30ANS」を開催した。賢三さんが30年間で発表してきたコレクションをテーマごとにまとめる最後のショーとして、3000人以上の観客を動員することになった。

お世話になった方々をはじめ約200人がモデルとして友情出演した。国内外からたくさんの友人が、賢三さんのためにとパリに駆けつけていた。

パリの滞在はいつも賢三さんのご自宅に泊まらせていただいていた。「KENZO 30ANS」の前日、一緒に夕食をとりながら「ついに明日ですね」と声をかけると、

「大丈夫かな。成功するか不安だなあ」と、賢三さんは少し緊張している様子だった。いつも笑顔で人を楽しませている賢三さんも、コレクションを発表するときは試験前日のような気持ちになるという。そして「友だちからもたくさんメッセージが届いているよ。皆に楽しんでもらえるといいな」と、賢三さんは見てくれる人や演者に満足してもらえるかどうかをとても気にしていた。通常のパリコレの舞台裏では、賢三さんは、バックパネルの小さなのぞき穴からコレクション中の来場者の様子（反応）を見ていた。大きな拍手でショーが成功すると、ペロッと舌を出して笑顔になり、穏やかな表情になる。

この緊張感も今回で最後なのか、と思うと、少し寂しかった。

高田賢三としての再出発のために、区切りをつける意味もあったと思う。「これからも自由に、夢に向かっていく」という意味を込めて、テーマは「Liberté（自由）」とした。

最後まで賢三さんらしく楽しく人を驚かせるお祭りのような演出で、約300点を披露する、という豪華でスペクタクルなランウェイだ。フィナーレは拍手がいつまで

KENZO 30 ANSに世界中から友人たちが集まり、友情出演（モデル）として舞台を歩く。写真はMarcyご夫妻と修さんとメディアアテンドに追われている筆者

取材の中、ひそひそ話の賢三さんと筆者

1999年10月7日「KENZO 30 ANS」（J ai déjà 30 ans）と題し、30年間のコレクションの集大成を発表し、KENZOブランドのデザイナーを離れる。その際、世界的な方々からのメッセージをまとめた冊子

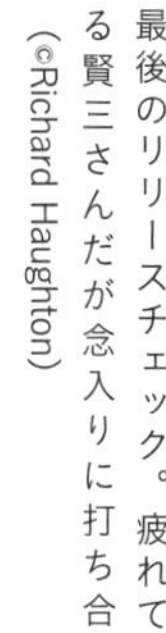

最後のリリースチェック。疲れている賢三さんだが念入りに打ち合せ（©Richard Haughton）

も鳴り止まず、ショーは大成功を納めた。

当日、私はメディアの取材対応に追われていた。世界各国からジャーナリストが訪れていて、朝から晩まで分刻みのスケジュールで各国のインタビューが行われる。

すべての取材が終わったのは夜の7時頃だった。「賢三さんがＹａｙｏｉを呼んでいる‼」とスタッフから言われ、急いで楽屋に向かうと、賢三さんはちょうど着替えようとしていたところだった。

「朝から何も食べてないんだよ」と、下着の中にカッターシャツを入れながら私に話しかける。それ、ズボンじゃなく下着です、と言いかけたがやめた。さすがに疲れている様子だった。「取材の数が多かったですね」と労うと、「でも、本当にありがたいことですよね」と、少しホッとした表情で笑顔を見せてくれた。朝から英語やフランス語でのインタビューが続いていたので、日本語で何かしゃべりたかったのかな？とも思った。

その後は盛大なパーティーをした。主役の賢三さんは大勢の人に囲まれて、夜中まで楽しそうに踊っていた。吹っ切れたように晴れやかな表情で。

いろいろなシチュエーションでの演出。これはPOPでヒッピーなイメージでとにかく楽しく（Photo by 大石一男）

最後には象が出てくる演出で会場が盛り上がる（Photo by 大石一男）

KENZO 30ANSのフィナーレでモデルたちや友人に囲まれる賢三さん（Photo by 大石一男）

ただ、あまりにも多くの友人が来てくれたので挨拶や話ができなかった人もいたらしく、唯一それだけが心残りだったようだ。

大晦日(おおみそか)の夜の電話

その年の12月31日、私の家の電話が鳴った。ちょうど日本時間で23時55分すぎた頃だったと思う。

「今年は本当にお世話になりました。僕はこれから前向きに夢を持って進んでいきたいので、これからもよろしくお願いします」と、プーケットに滞在中の賢三さんからだった。わざわざ日本時間の年越しに合わせて連絡をしてくれたのだ。賢三さんのやさしさと思いやりを感じた。

そのときのことを、今でも鮮明に覚えている。何があっても賢三さんについていこうと、心に誓った瞬間だった。

友人たちと年末年始をすごしていたプーケットだが、年が明けると一人また一人とパリに戻っていく。

でも、賢三さんは特別にやることが何もない。ゆったりとすごしながらも、徐々に「これから何をしよう」と不安が募っていったという。

あり余る時間を埋めるために、賢三さんは習い事を始めた。「もう一度フランス語を習い直そう」「パソコンがうまく使えないから、友人にお願いしよう」と言い、ピアノやフラメンコといった習いごとを始めた。どんどんやりたいことが増えて、毎日のスケジュールを埋め尽くすほどだった。

思わぬところで習い事の成果が発揮されたのは、次の年のお正月のときである。年賀状代わりに、芸能人とのツーショット風の合成画像がメールで送られてきたのだ。パソコンを使って自分で作ったそうだ。思わず吹き出してしまった。

最近は、コロナ禍で一時お休みしていたが、その後「ピアノを再開したよ」「声楽も始めたよ」という話を聞いた。興味のあることにチャレンジしていく姿勢は、何歳になっても変わらなかった。

その後、世界的な賢三さんのもとには、コラボレーションなど仕事の声が多々かかるようになった。業種はさまざまだったが、賢三さんは歴史と伝統のある企業との協業を進めていった。

1999年の大晦日の賢三さんからの電話以外にこんなメッセージもいただいた

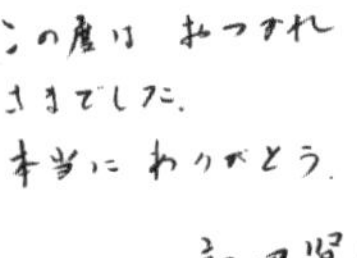
この度は おつかれさまでした。
本当にありがとう。
高田賢三

パリでの30ANSの最後のコレクション後、東京でもメディアや友人たちを招いてプレスコンフェランスおよびパーティーを行った。左から賢三さん、筆者、松田光弘氏・バスティーユの自宅の和室を手がけた川端憲二氏・松田啓子さん（松田氏夫人）・川端葉子さん（川端氏夫人）

年賀状を好きな芸能人との合成写真を送ってくれた賢三さん。このPCで作ったと満面の笑み

バカラとコラボしたブッダ像等

代表的なコラボレーションとしては「バカラ」がその一つで、クリスタルのブッダ像など感性を詰め混んだアイテムをいくつか発表した。「東洋と西洋を融合」が見事に表現された作品として評価されている。

赤ちゃんのように再スタート

KENZOブランドを離れて2年間は、ファッション（アパレル）の仕事に携わらない競業避止義務があった。その誓約が終了する2001年、賢三さん62歳の誕生日パーティーが開かれたときのことである。

その招待状が傑作だった。何と全裸でバスタオルの上にうつ伏せになって頭を持ち上げた賢三さんの写真で、日焼けした肌にオールバックの髪、満面の笑みを浮かべている。欧米では赤ちゃんの記念写真をこのように撮る習わしがあり、それを参考にして「もう一度、赤ちゃんのように再スタートする」という意味を込めたそうだ。

カードに記された「J&J」の文字は「Jeune et Joli」の略で、「若くて美しい」という意味である。人を驚かせたり笑わせるのが大好きな賢三さんらしいウィットの効いた演出だった。そのカードは今も、私のデスクの前に飾っている。そのカードと目が合うといつも少し照れてしまう。

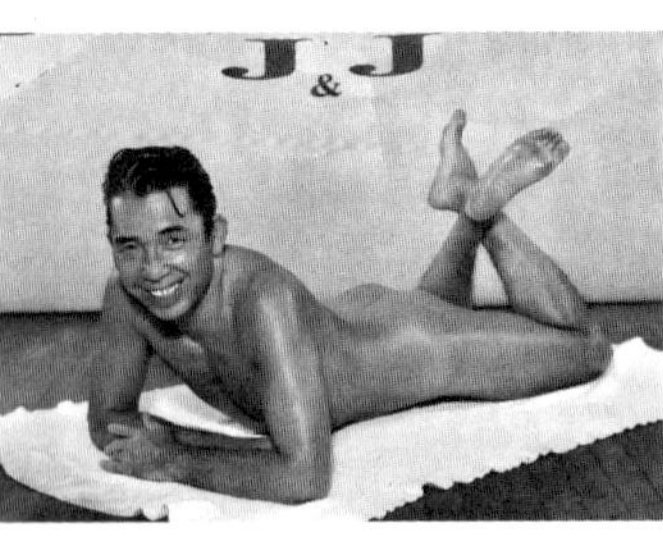

2001年 再出発の誕生日の招待状（欧米では赤ちゃんの記念撮影をこのようにするという）そして賢三さんも新たな出発として（Photo by Les Cyclopes）

Chapitre 5

賢三さんと家

日本庭園のあるバスティーユの邸宅

自分のことをよく「引っ越し魔」と言っていたほど、賢三さんはパリに住み始めてから本当に引っ越しが多かった。

その中でも忘れられない家は、パートナーのグザヴィエさんとともにバスティーユ広場の近くに建てた一軒家だ。

もともと倉庫だった物件を購入し、「日本にいるような気分になれるように」と和の様式を取り入れて大改装を行った。和室の部分は、一度日本で仮組みをし、その後に解体し、日本から派遣された職人が再度パリで組み建てた。

エントランスには竹林、2・5階にあたる部分に本格的な日本庭園を設け、池には色鮮やかな錦鯉(にしきごい)を泳がせる。ドイツから取り寄せた桜が年2回も花を咲かせ、パリにいることを忘れさせた。和室や坪庭、茶室、ゲストルームやジャグジー付きの広いお風呂も備えた大きな家で、延べ床面積は613㎡だ。

二人の美意識と溢(あふ)れんばかりのアイデアが注ぎ込まれ、あまりにも壮大な計画だっ

パリ11区のバスティーユの邸宅。エントランスの竹林

和室から望む日本庭園と錦鯉が泳いでいる池

和室。日本で仮組みをし、その後解体し、再度パリで組み建てた

3階から見たリビングと日本庭園。庭園に出るドアは、閉めてしまうと外から入れないので要注意だった

たため、完成までに7年近くもかかってしまったほどだ。まだ一部が工事中だったが、1989年12月、少し早い竣工式を行うことになった。50人ほどの親しい友人たちを招いて、盛大に祝うパーティーをした。

しかしそのときすでに、グザヴィエさんに病魔が忍び寄っていた。

2カ月後の2月27日、賢三さんの誕生日には「日本間の鍵をもらえたので、グザヴィエさんと一緒にゆっくり食事ができた」と聞いた。だが残念ながら、彼はその年に帰らぬ人となってしまった。完成を心待ちにしていた邸宅に、二人で住むことができなかったのは残念だったと思う。

いつだったか、グザヴィエさんが開けたシャンパンのコルクが、リビングの天井近くの梁に乗ってしまう、という出来事があった。

賢三さんはあえてそのままにして、「家の守り神になってくれるだろう」と話していた。

私がパリに行くときはいつも、賢三さんから「うちに泊まってくださいね」と声をかけてくれたので、図々しくもゲストルームを定宿にさせてもらっていた。

「どこに泊まっているの？」と聞かれると、よく「HOTEL KENZO」と答えたものだ。どんな星付きホテルよりも、ずっと贅沢な宿だった。

広いリビングには、ジェット水流つきのプールがある。パーティーの際、ゲストたちが酔うとよく飛び込んでいたが、賢三さんは風邪を引きやすいので、飛び込もうとするのを、私は必死に止めたこともある。

数えきれない絵画や美術品、アンティーク家具、いろいろな国の調度品。それらが混在しながらもモダンで、アーティストとしての美の感性が集約されていた。

夜中に電気をつけようとしたら真後ろに象の置物があって飛び上がったことや、私の帰りが遅いと心配して待っていてくれたこと、寝る準備をしていたら「ねぇ、今からカジノに行かない？」と夜更けに一緒に行ったこともあった。

シャンパンを飲みながら、デザインのことや人生のこと（賢三さんは私の質問攻めにあっていたが……）などを語り合った夜は、今でも忘れられない。

カラオケルームもあったので、「今度パリに来るときに、LDを持ってきてくれないかな」と頼まれたことがあった。

広いリビング脇にジェット水流付きのプールがある。室内なので、季節問わず泳ぐことができる。パーティーでは、皆、飛び込んだりしていたことも

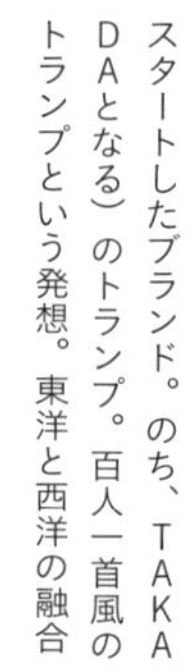

GOKAN KOBO（2004年よりスタートしたブランド。のち、TAKADAとなる）のトランプ。百人一首風のトランプという発想。東洋と西洋の融合

賢三さんが日本を離れた1965年当時前後の曲ばかりを集めて持っていったら、「僕はこんなに古くないよ～」と笑われてしまった。でも、もっと古い「すみれの花咲く頃」（宝塚歌劇団の代表曲）が好きなことはよく知っている。時代を超えて愛されるものに惹かれるのだと思う。

また「2・5階の庭園から水漏れした」と、何度も連絡をくれたことがあり、困っていた。やはり空中庭園を維持するのは大変だったようだ。

KENZOブランドを売却後、2004年から展開していた自身のブランド「五感工房（GOKAN KOBO）」を「タカダ（TAKADA）」の名称に変更し展開していたのだが、業績が傾いて運営会社の破産を決断した。自宅を競売にかけ、2009年に売却となった。思い出の詰まった邸宅だったので、引っ越さなくてはならなくなったときは、とても残念だった。

今でも目をつむれば、リビングでシャンパンを傾ける賢三さんの姿が脳裏に浮かぶ。そして「あのコルクはまだあるかな」、そう思い出す。

パリ6区、アパルトマン最上階の眺望

自宅を売却後、賢三さんはモナコに移住し、モナコをベースにパリとの往復をしていた時期があった。

日本から電話をしたら、賢三さんの息が上がっていて、「どうしましたか？」と尋ねると、「モナコは坂が多すぎる」と笑う声が聞こえた。気分が悪いのではないか、と心配だったので、一気に微笑ましい気持ちになった。

「モナコでゆっくり絵を描こうと思う」と話していたのだが、やはりまわりに友人がいないのは寂しいらしい。

賢三さんは、２０１５年にパリに拠点を戻し、６区のアパルトマンに自宅をかまえた。

６階の角部屋で、寝室からエッフェル塔の横に夕陽が沈む素晴らしい幻想的な眺望が決め手になったという。家の中に螺旋階段があり最上階に上がると、テラスからパリ市内が一望できるという立地だった。

入口を入るとすぐ右の壁に、賢三さんが描いた自画像があった。そしてジャン・コクトーや友人のアンディ・ウォーホルの作品など、絵画や骨董品の数々が飾られた廊下は美術館のよう。

１世紀に作られたという中国の木彫りの馬や、友人からプレゼントされた象の椅子２脚は、賢三さんのコレクションの中でも大のお気に入りだった。

リビングには、パリ在住の日本画家である釘町彰さんによる屏風があった。寝室には、同郷の姫路出身の画家で、友人でもある今井信吾さんの絵画が飾られていた。文

パリ6区。ボンマルシェ（百貨店）の近くのアパルトマン全貌。いちばん最上階が賢三さんのご自宅

自画像も描いていた賢三さんは、海外での絵画展に招待されて、絵を描く機会が増えた頃

最上階。パリが一望できる

パリ6区のアパルトマンの自宅の寝室から見える景色。エッフェル塔が夕陽に照らされて沈んでいく幻想的な眺望（撮影：賢三さんのお部屋から）

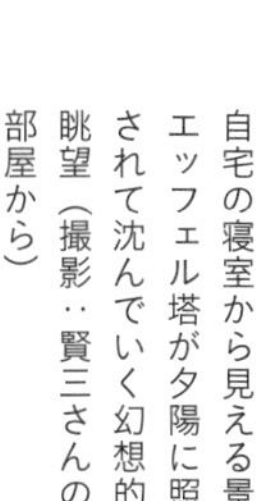

ベルサイユ宮殿のシャンデリアのデザイナーと同じ方が作られたシャンデリアと右には最上階テラスに上がる螺旋階段

ご自宅の入り口を入ると美術館のような廊下が続く

化服装学院の恩師・小池先生の娘さんでアーティストである頌子さんの作品も賢三さんのお気に入り。

バカラと制作したクリスタルの屏風や、ヴェルサイユ宮殿に飾られているのと同じ作家のシャンデリアが室内を照らす様子は、ため息が出るほど美しい。

賢三さんのクリエーションと同様に、欠かせないのが花の存在である。「花は心を癒してくれる」とよく話していた。

長年つきあいのあるフローリストのジョルジュ・フランソワ氏（Georges Francois）に週一回、季節のお花を飾ってもらっていたので、室内はいつも華やかでよい香りがした。

そして、賢三さんがいちばん好きだった場所は寝室だ。仕事や旅から帰ってきたとき、最初にベッドに寝転がるとホッとするのだそうだ。

同じ建物の4階にはアトリエをかまえていた。デザイン画やスケッチ、絵画を描いたりしていた。4階もまた、東洋と西洋が融合したアトリエとは思えない空間だ。

感性が詰まったこのアパルトマンから、素晴らしい数々の作品が生まれていった。

6Fのご自宅の入り口を入るとすぐ右側の壁に、賢三さんが描いた自画像が飾られていた

1世紀に造られた中国の木彫りの馬は賢三さんのお気に入りだった

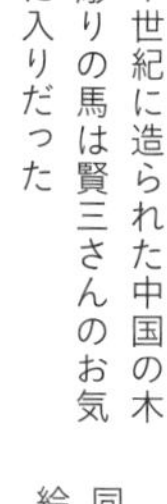

同郷の画家・今井信吾氏の絵画は寝室に飾られていた

フローリストのジョルジュ・フランソワ氏に週一回、季節のお花を部屋のいたるところに飾ってもらっていた

パリ在住のアーティスト釘町彰氏作品・屏風（奥の壁面）

バカラとコラボレートした屏風の前で賢三さんと筆者のBTDの乾杯

恩師・小池千枝先生の娘さんである頌子さんの作品（花が飾られている）

リビングのシャンデリアと賢三さんの大好きなコクリコの花

夕方4時くらいになると「まだ早いかなぁ〜」なんて言いつつ、早々に仕事を片づけたら、お楽しみのアペロ（夕食前のひとときをゆったりとすごすフランスの食習慣）。夕陽を眺めながらシャンパンを飲むのが至福のときだった。

冷蔵庫にはシャンパンボトル（ラリエ ブラン・ド・ブラン グラン・クリュ）がたくさん冷えていた。私たちスタッフや、ときには取材で訪れていた方々にも、「一緒にどうですか？」とすすめてくれた。

コロナ禍でパリがロックダウンとなったときには、6階と4階をあえて階段で行き来して運動したり、夕陽に照らされているエッフェル塔を眺めながらローソクを灯して、いろいろなことをお祈りしているよ、と話してくれた。

その後の話

バスティーユの邸宅はその後、所有者となったフランス人のアーティスト関連の方が、建築家の隈研吾さんに依頼してリノベーションを施したという。

「より日本風になっているそうだよ」と、賢三さんが懐かしそうに話していた。

自宅アパルトマンと同じ建物の４Ｆにはアトリエがあった アトリエのリビングにも、釘町彰氏の作品が壁画として描かれていた

4Ｆアトリエに入ると、自宅と同じ間取りで長い廊下にアンティークなオブジェや絵画が飾られている

6Ｆ自宅の食器棚。バカラやアンティークなシャンパングラスや伊万里などの和食器も。かなりのコレクターであった賢三さん

6Ｆ自宅のダイニングテーブル兼仕事机

2020年に賢三さんが亡くなった後は、晩年をすごしたパリ6区のアパルトマンの部屋は美しいままの形で残しておけないかと私は願った。しかし相続の関係で、アンティーク家具や美術品などを遺品整理として手放すことが決まり、約600点をオークションにかけることになった。

すべて賢三さんが愛していたものだったので、私はできることなら全部買い取りたい。そして「高田賢三コレクション」として美術館を作りたい、という気持ちが募ったが、残念だが、叶わぬ夢と散る。自分もオークションに参加しながらも複雑な思いで、ただ大切にしてくれる方の手に渡ってほしいと祈るばかりだった。

でも私の心の中では今でも、その空間にいる賢三さんが笑っている。

Chapitre

6

アテネオリンピックのデザイン

オリンピックの公式服装のデザイン

21世紀に入り最初のオリンピックが、2004年にアテネで開かれることになった。日本選手団の公式服装の制作を手がけるのは、「ユニクロ」を展開している株式会社ファーストリテイリングである。そのデザインの依頼が舞い込んできたのだ。賢三さんに伝えると、「アテネはオリンピック発祥の地だから、その大会にかかわることができるのであれば」と前向きに考え、そして引き受けることになった。

2003年、株式会社ファーストリテイリングの柳井正社長と面会するために、賢三さんは帰国した。

ホテルに到着した賢三さんの荷物を整理していると、「これを見て!」とうれしそうに大きなスケッチを取り出した。まだ具体的な話は進んでいなかったが、もう自分の中でイメージを膨らませてユニフォームのデッサンを用意していたのだ。

翌日、少し緊張しながら、当時蒲田にあった株式会社ファーストリテイリングの東京本部に向かう。

柳井社長と対面し少し雑談を交わした後、賢三さんは「ちょっと僕なりに描いてみたんです」と、数枚のスケッチを柳井社長に手渡した。一枚一枚を丁寧に見ていく柳井社長。ふと口を開き、「富士山、桜、ですか……何だか昔の日本ですね」と感想をもらした。

同席していた私は、きっと喜んでくれるだろうとばかり思っていたので、困惑してしまった。賢三さんの感性で一生懸命に描いたはずなので、そんな感想はないと思ってしまった。

でも、隣に座る賢三さんの様子をうかがうと、真剣に話を聞いている。

その帰り道、私は大事な場で戸惑うしかなかった自分を恥じた。

賢三さんはというと、「すごい方でしたね。正直でまっすぐで、やはり世界を相手にビジネスをしている方は違う」と、柳井社長を心から尊敬していたのだ。「僕のアイデアをちゃんと見てくれて、率直な感想を言ってくれました。そのとおりだと思いましたよ」と何度もうなずきながら、反省しつつもプラス思考だ。

どんな意見でも尊重して受けとめる、謙虚な姿勢と素直さ。そして前向きにすぐ行動に移すのも賢三さんの素晴らしいところだと思う。人間的に精神面も姿勢も〝世界の賢三〟さんだ。

落ち込むどころかさらにやる気を出し、「こんなデザインはどうだろうか？」と、夜までアイデア話に花を咲かせた。

デザインを担当したのは、式典用公式服装と移動用公式服装、そして開会式用公式服装で、日本選手団のテーマは「SHOW YOUR COLORS～あなたらしさを、思う存分発揮してください」であった。選手一人ひとりが個性を主張しながらも、チームの統一感が必要で、その両極端の融合をめざした。

デザイン面にプラス機能性が重視され、選手の身体に負担のかからない服装であることや、競技によって各選手の筋肉の付き方も違うなどを考慮しながら、日本代表チームのユニフォームとして完成させなければならない。

特に工夫を凝らしたのは、開会式用公式服装だ。

爽やかなホワイトを基調に、芍薬（しゃくやく）の花をプリントした。鮮やかなピンクやグリーン、イエローの差し色は、個人の好みに合わせることができる。さらに、複数のパターンでアイテムの組み合わせ楽しめるようにした。手には団扇を持ってもらう。多様性があり、「日本は元気だというパワーが感じられること」を意識したという。

開会式の前日、賢三さんとスタッフはパリから、私たちスタッフはローマ経由でア

2004年アテネオリンピック。日本選手団公式服装をデザイン。開会式用公式服装。「SHOW YOUR COLOR～あなたらしさを、思う存分発揮してください」がテーマ（提供：株式会社ファーストリテイリング）

デザイン画。選手一人ひとりが個性を主張しながらも、統一感があるデザインを駆使した

テネ入りした。パリのスタッフで、１９７０年代前半からＫＥＮＺＯ社で賢三さんのパートナーとして長年テキスタイルデザイナーとして仕事をし、今でも公私ともにかかわっているMarcy（真下仁さん）、そして賢三さんの専属シェフだった中山シェフもアテネ入りをした。Marcyと中山シェフと私は、いつも賢三さんのことを想うトライアングル仲間だった。

世界中から多くの人が集まっていて、どこもかしこも大混雑である。現地の熱狂ぶりがうかがえた。

当日は電車で会場まで向かった。人の波をかき分けてようやく観客席につくと、開会式が始まった。素晴らしいオープニングのパフォーマンスだった。

でも、それがとても長くて、おまけに音が反響していてよく聞こえない。仕方がないので、日本でテレビの生中継を見ているスタッフに連絡を取り、賢三さんに状況説明をした。

ようやくお目当ての選手入場が始まる。「ＪＡＰＡＮ」のアナウンスが響きわたり、日本選手団が堂々と入場してきた。色とりどりの花が咲くようなパレードが目の前を通りすぎていく。その光景がとても美しく、疲れが一気に吹き飛ぶようだった。

開会式当日の日本選手団入場の様子

開会式当日は、車の混雑がひどく、私たちは電車で移動。賢三さんが電車に乗っている姿は貴重な写真

アテネオリンピック会場に到着。皆で賢三さんデザインのTシャツを来て参加（賢三さんの左がMarcy、右が筆者、筆者の前が中山シェフ）

開会式のオープニングが始まったが、音が反響して説明が聞こえない。日本に連絡をして、オンタイムで見ているスタッフに説明を聞く

賢三さんのほうを見ると、肩の荷が降りたというふうに脱力し、穏やかな表情だった。「ホッとしました」と、つぶやいて見せた笑顔を今も覚えている。

高田賢三とKENZO TAKADA

開会式を最後まで見届けた後、ちょっと困ったことが起きた。

大混雑の会場周辺で、いつの間にか賢三さんがいなくなってしまったのだ。これは大変だ！　と探し始めると、しばらくして遠くから小走りで向かってくる賢三さんの姿が見えた。手には大きなポテトチップスの袋を二つ持っていた。お腹がペコペコだったことを思い出したらしい。

お腹が空いているのに、その後に立ち寄ったレストランでも、注文した料理がなかなか来ない。なのに後から来た客のほうが先に運ばれているではないか！

それを見て真っ先にクレームを言いに走ったのは、賢三さんだった。

賢三さんは、日本にいるときには日本人の奥ゆかしく慎ましい〝静〟の賢三さんなのだが、海外にいるときには精神的に〝動〟のKENZO TAKADAが顔を出し、わかっていても、私はいつも驚いてしまう。

きっと異国の地でいくつもの修羅場をくぐり抜けてきたからなのだと思うと、とても頼もしくもあった。若くしてパリに行き、そこで人生を切り拓いた強さ、控えめでいては、海外では通用しないのだ。

日本では日本人の高田賢三さん、パリではフランス人のＫＥＮＺＯ ＴＡＫＡＤＡ——両方とも同一人物の賢三さんである。


そんな賢三さんだが、実は、人前で話すのがあまり得意ではない。

たとえば、こんなことがあった。

アテネオリンピック公式服装についての記者会見が日本で開かれたとき、賢三さんはデザイナーとしてスピーチを任された。

賢三さんは何度も練習して、準備万全でのぞんだ。

ところがスピーチの中盤で、開催年の「２００４年」を「２０４０年」と言い間違えてしまったのだ。「どうしよう」という目で、賢三さんは舞台袖にいる私を見てくる。「大丈夫です！」とガッツポーズをして見せたら、何とか持ち直して乗り切ることができた。

舞台袖に戻ってきたとき、緊張の糸がほぐれたのか私の肩をバーンと叩き、小声で「またやっちゃった～！」と照れ笑いをした。

Chapitre 7

80歳 傘寿

テーマは金と蝶（ちょう）

2020年は、賢三さん80歳のお誕生日の年。

「傘寿（さんじゅ）」を祝う会をパリで開催することになり、半年ほど前から少しずつ準備をし始めていた。

大切な人たちを心からもてなす精神はパートナーだったグザヴィエさんも然り、人を驚かせることが大好きだった賢三さんもまた、人生の節目節目に必ず盛大なパーティーを開いてきた。

80歳の誕生日は2019年2月27日だが、パーティーは翌日の28日に開催することした。なぜかというと、その週はパリでファッションウィーク（パリコレ）が開催され、27日に「KENZO」ブランドのファッションショーが予定されていたからである。賢三さんはもう何年も前にブランドからは退いているのだが、招待を受ければ必ずショーに出席していた。なので、自身のパーティーを一日ずらしたそうだ。そういう律儀なところが賢三さんらしいと思う。

パーティーでは、フランスや日本をはじめ世界中から大切な友人らを招待するため、「彼らに何かギフトを用意したい」という考えから、「扇子(せんす)はどうかな」という話が持ち上がった。

賢三さんの物作りには妥協がないので、「できれば京都で作りたい」と連絡があった。「いいですね、作りましょう!」と答えた私だが、ときはすでに1月末。パーティーは賢三さんの誕生日に合わせて2月末に予定していたので、あと1カ月しかない。すぐに京都で扇子を制作してくれる会社を探して、私は片っ端から電話をかけた。でも、何十社に電話しても返事は同じで「その納期では難しいですね」と言われてしまう。心が折れかけたが、望みを託した最後の一社(日本合同扇子株式会社)から「やってみましょう」と、何とかよい返事をもらうことができた。「できないことはこの世にない」という、賢三さん仕込みの前向きな精神が役に立ったのかもしれない。

「傘寿」を祝う色は黄金色なので、扇の色は金。そこに「Kenzo」のサインと「傘寿」の文字と、誕生日の日付を入れるというデザインは固まっていた。

京都の扇屋さん（日本合同扇子株式会社）が受けてくださった（ご担当の林さんと金城さん）。パリに手持ちでの持ち込みだったが、賢三さんも来場者にも大好評だった

会場の「Pavillon Ledoyen」の庭に張り出したスケルトンのテントの奥には、巨大な金色の扇のオブジェが鎮座していた。施工チェック時の写真

当日会場前の「Pavillon Ledoyen」は金色の扇と桜で80歳のお祝いムードで、お客様のお出迎え準備も完了（Photo by Rindoff-Castel）

だが同じ金色でも、何十種類もあるらしく、持ち手の種類も多い。「細かい部分は任せますね」と託されていたので、責任の重みを感じながら制作を進めた。

扇子は全部で８００本。完成したのはパーティーの１週間前というギリギリの日だった。

航空便では到底間に合いそうになく、自分とスタッフ、そして知人に頼んで、スーツケースに入れてパリに持ち込むことにした。しかし相当な数なので、もしもパリの税関で引っかかったら面倒なことになりそうだ。売り物ではないから持ち込んでも問題はないはず……と、ハラハラしながら税関を通過した。その足で賢三さんの家に直行し、何とか任務完了となった。

パーティーで着る衣装にも、賢三さんのこだわりがとことん詰め込まれていた。「帯でジャケットを作りたい」と、京都旅行の際に着物専門の骨董（こっとう）店をめぐったのが半年前のことだが、金色の帯にモンシロチョウが舞うデザインの帯を見つけると、賢三さんはすぐに気に入って購入した。

その帯にさらに蝶の刺繍（ししゅう）を施して、テーラードジャケットを仕立てる。帯でジャケットを作るなんて！　とその発想に驚いたが、金と蝶というテーマにもとづいて仕立てたジャケットは和と洋の美が見事に融合し、何とも艶（あで）やかで唯一無二の一着に仕上がった。さすが髙田賢三だ。

いざ当日のコーディネートを決めていく。仕立てたジャケットに合わせるベストとスラックスは、以前やはり京都で見つけた帯で作ったもので、柄が異なっているが金

賢三さんの最初のコスチュームは、着物。ワンポイントで蝶が刺繍されている黒の紋付袴。金色の扇がカッコいい（Photo by Rindoff-Castel）

お色直しは、2019年に京都で見つけた蝶柄の金色の帯地で作ったジャケットと賢三さんが持っている金の洋服やアクセサリーでコーディネートをした。全身金色（Photo by Rindoff-Castel）

色だ。自宅のあちらこちらから金色の刺繍をあしらったシャツや金色のアクセサリーなどを次々と出してきては姿見の前で試着した。賢三さんは、目をキラキラさせていた。

ほぼコーディネートが決まったとき、私は閃いて、「このサングラスをかけてみてください。絶対にカッコいいと思いますから」と提案してみると、「いいね！」とノリノリだった。増永眼鏡株式会社とコラボレーションのアイウェアで、ミラーレンズがとてもよく似合った。

三つ星フレンチレストランで和洋折衷の宴

パーティーの会場は、ナポレオンも愛した老舗の三ツ星レストラン「パヴィヨン・ルドワイヤン（Pavillon Ledoyen）」。天井に蝶が描かれているので、「テーマにも合っているでしょ」と嘯く賢三さん。

レストランのメインフロアだけでは広さが足りず、庭に張り出すようにスケルトンのテントを設営した。

その奥に巨大な金色の扇のオブジェが鎮座し、桜の枝で店内を飾った。

パーティでは、ヴァイオリンの生演奏に歌やダンス。フードはフレンチをはじめ、職人が握る美味しいお鮨、スイーツまで振る舞われ、まさに和洋折衷だ。

主役の賢三さんはまず、羽織袴でゲストを迎える。ワンポイントで蝶が刺繍されている黒の紋付で、私は着付けを手伝った。賢三さんは姿勢がとてもよいので、角帯に金の扇を挟んだ立ち姿がカッコよい。

会場のドアを開けるとすでに多くのゲストが訪れていて、賢三さんはあっという間に親しい友人たちに囲まれた。皆が笑顔で「Bon Anniversaire ! Kenzo !」とお祝いの言葉をかける。

とてもにぎやかで、シャンパンを開ける「ポンッ」という音が鳴り止まず、まるで花火が上がる音のようだった。

会場の熱気のせいか、すぐに汗だくになってしまった賢三さん。風邪を引いたら大変なので、少し早いが中座して着替えることにした。でも、続々と集まる友人らが声をかけたり写真を撮ったり、波が途切れずになかなか前に進めない。

ようやく控え室に戻ると、ひと息ついて汗をぬぐい、この日のために仕立てたジャケットをはじめ、全身金色の洋装にお色直しをした。

シャツやネクタイにも金糸が使われていて、アクセサリーももちろんゴールドだ。2日前、何時間もかけて一緒に考え抜いたコーディネートである。

これ以上ないほど華やかな装いがここまで似合う人は、おそらく後にも先にも高田賢三ただ一人だけだろうと、今になっても思う。間違いなく、会場でいちばん輝いていた。

５００匹の蝶が舞う

夜も更けてきた頃、バースデーケーキとともに、箱が二つ運ばれてきた。蓋(ふた)が開くと、まるで手品のようにたくさんの蝶が舞い上がる。

賢三さんが用意した、５００匹の蝶のサプライズだった。以前、自身のパリ在住50周年のパーティーでは３００匹の蝶を飛ばしたことがあり、それを上回る仕かけを用意したのだそうだ。

盛り上がりの絶頂を迎えた会場は、皆で飲んで踊って、まるでディスコのようだった。祝宴は朝方まで続いた。

次の日に賢三さんに会った私は、疲れているだろうと思い、「昨晩はよく眠れましたか?」と聞くと、人を気遣う賢三さんは「皆、楽しんでくれたかな? 大丈夫でしたか?」とまず聞いてきて、自分のことよりも皆が楽しんだかどうかを気にかけていた。

友人や知人、ファッション関係者など、パリコレの時期でもあったため、来場者は総勢1000人以上。何と800本以上のシャンパンが空いたそうだ。

パーティーは大成功だったのだが、個人的に一つだけ心残りがある。

実は後半、あまり賢三さんの傍でサポートすることができなかったのだ。その理由は、私がこの世の中で最も苦手なもの、それが蝶だからである。

賢三さんからサプライズの計画を聞いたときから、「素敵ですね！」という言葉とは裏腹に、心の中で「どどどうしよう…」と動揺していた。

パーティーの前日、施工をチェックするために会場入りしたとき、白衣を着た男性が「KENZO！」と声をかけて手招きしていた。私は直感で「蝶の飼育者だ」と察した。

賢三さんの後を恐る恐るついていくと、男性は小さい箱から薄い絹のような布の包みを取り出し、ゆっくりと開いた。すると、蝶が羽を広げて今にも舞い上がりそうである。私はその場に留まることができず、バレないようにそっと部屋を後にした。

賢三さんが私の名前を呼んでいる声が聞こえたが、でも無理！　私のスタッフが「わ～綺麗ですね！　賢三さん、写真を撮りましょう！　写真！」と誤魔化してくれてことなきを得た。美しいものを見たとき、皆にその感動を共有したいという賢三さんの純粋な想いに、蝶に関してだけは応えられなかったのが残念だ。

そして、あらゆる策を考えたが、結局、克服することができなかった私は、蝶が舞うフロアには降りられず、だいぶ遠い場所から会場の様子を眺めるだけという始末

Happy Birthdayの曲とともに巨大な蝶をあしらったケーキとともに500匹の蝶が舞った（Photo by Rindoff-Castel）

パーティー会場で、踊る賢三さん80歳。まったく80歳には見えない（Photo by Rindoff-Castel）

蝶が苦手な筆者は、楽屋付で着替えを手伝った。会場で、横にいたいのに、今回だけはどうしようもなかった。でも賢三さんの着替えが終わり、楽屋で写真を撮ってもらって大感激

だった。バッグには念のため、虫除けスプレーを忍ばせて（実際には使わなかったけれど）。

このときばかりは、私はどうしてこんなに蝶が嫌いなの？　と悔やんだ。賢三さんに対して隠しごとなどなかったのに、これだけはずっとずっと言えないままになってしまった。賢三さん、隠していて、本当にごめんなさい。

Chapitre

8

奇跡の2019年
亞門さんと蝶々夫人

奇跡の年

２０１９年は、私にとってギフトともいえる、奇跡の年になった。

「こんにちは。ご無沙汰しています」と、演出家の宮本亞門さんから電話があったのは、２０１８年の夏のことだった。

「オペラ『蝶々夫人（文化庁・公益財団法人東京二期会主催）』の衣裳を賢三さんにお願いしたい。あの美しい世界観をぜひ衣裳として表現してもらえないか」という、熱意が込もったオファーだった。

バカンス中だった賢三さんに、亞門さんからのオファーを伝えると、「僕はオペラが大好きだし、特に蝶々夫人は何度も見ているのでうれしいですね。でも、本当に僕で大丈夫なのかな」と、少し不安そうな声である。

そのときに私は「謙虚な人なので、慎重に考えているのかな?」と思っていたのだが、舞台の衣裳制作は中途半端な気持ちではできない仕事なのだと、後から思い知ることになる。

賢三さんは過去に一度、１９９９年にパリのオペラ座で上演したボブ・ウィルソン演出の「魔笛」の衣裳を手がけている。当時、京都で注文した反物の仕上がりがギリギリになり、大急ぎでパリまでスーツケースに入れて運んだことを思い出した。

亞門さんのオファーについて悩んでいたとき、賢三さんはパリの空港でヴァレンティノ・ガラヴァーニ氏（ヴァレンティノを創設したイタリアの著名ファッションデザイナー）に偶然会い、彼から衣裳を担当したオペラ「椿姫（つばきひめ）」を上演するために日本に行く、と聞いたそうだ。

その話に刺激を受けて「自分も挑戦したい」という気持ちが湧き上がり、蝶々夫人を引き受ける決心がついた、と賢三さんは後で話してくれた。

２０１９年春、桜満開の時期に衣裳の打ち合わせが本格的にスタートした。

憧れのオペラの演目ではあるので、衣裳を担当するのにあたり、まずは正確に歌詞を理解したい。賢三さんは、物語の日本語訳を何度も何度も読み返していた。賢三さんの中で蝶々夫人のイメージをさらにアップデートさせふくらませていく。セリフひと言ひと言にもこだわってデザインを考える。そして、亞門さんの演出や舞台美術に調和しながらも、演者が引き立つ衣裳でなくてはならない。

時代背景を考慮することも重要で、その時代にそぐわない素材や装飾は使用せず、膨大な資料を幾度となく見返しては、デザインに落とし込んでいった。ときにはホテルの部屋にあるレターヘッドを使って、何十枚もデザイン画を描き続けたりしていた。賢三さんの集中力には「半端」という文字が存在しない。

賢三さんが何かに集中しているときは、上唇と下唇を合わせたり離したりして「パッパッ」と小さな音を出している。その癖は真剣な証拠で、このときもそうだった。

日本の美意識をどう表現するか？　過去に多くのデザイナーが蝶々夫人の衣裳を手がけてきたが、今回は日本だけではなく海外での公演も予定されている。なので、日本の人が見ても海外の人が見ても、本物の「日本」の美の世界を見せるべきだと考えていた。

その想いが凝縮されたのが結婚式の衣裳だ。日本の伝統的な金襴緞子（きんらんどんす）のイメージのドレスにオーガンジー素材を重ねることにより、和と洋の要素を融合して新しさや軽やかさを表現した。着物の柄や配色も一からデザインした。

織り上がった生地を見て、「やっぱり日本の職人技や伝統技術は素晴らしいですね」と、賢三さんはとてもうれしそうだった。

蝶々夫人のメインのモチーフは、桜、牡丹、芍薬と、賢三さんの大好きな花ばかりだ。そして、蝶々夫人とともに結婚式のシーンを祝う舞子さんたちの着物の色のグラ

「蝶々夫人」は特に賢三さんが好きなオペラ。何度も鑑賞していた。パリでも日本でも何度もデザイン画を描き直してアップデートしていく

蝶々夫人のデザイン画。日本の金襴緞子やオーガンジー、そしてドレスのデザインにも和と洋を重ねていく

第二幕の蝶々夫人の衣裳。結婚式の際、蝶々夫人の母からもらったお祝いの着物の反物でドレスを作る設定

デーションは、襦袢・半襟・帯・帯揚・帯締め、そして足袋や草履までもカラーコーディネートしていく。

実際に演者が試着してチェックするフィッティングの日は、いつも穏やかな賢三さんの視線は鋭くなる。

演者が腕を上げたときにジャケットの裾も一緒に持ち上がってしまった状態を見逃さず、「これじゃ台なしだ」と厳しい口調になったこともある。

「舞台衣裳は綺麗に見えるだけではだめ」で、そして「亜門さんの演出には動きがある」と言う。

担当したパタンナーの方に「こうじゃないと、服じゃない」と説明しながら、その場で仮縫いを解いて袖を付け替えて見せた。反対にイメージどおりに仕上がっているときには、「すごく綺麗にできてるね」と、評価することを忘れない。

ときには演者がそろわないこともあったが、「色のバランスを見るにはすべて並ばないとわからないから」と、欠席していた舞妓さんの代役として私の会社の男性スタッフに着せたこともあった。

その姿を見た賢三さんは耐えきれずに吹き出してしまい、「けっこう似合ってます

第一幕の結婚式の衣裳。織り上がった生地を見て、日本の職人技に感激した賢三さん

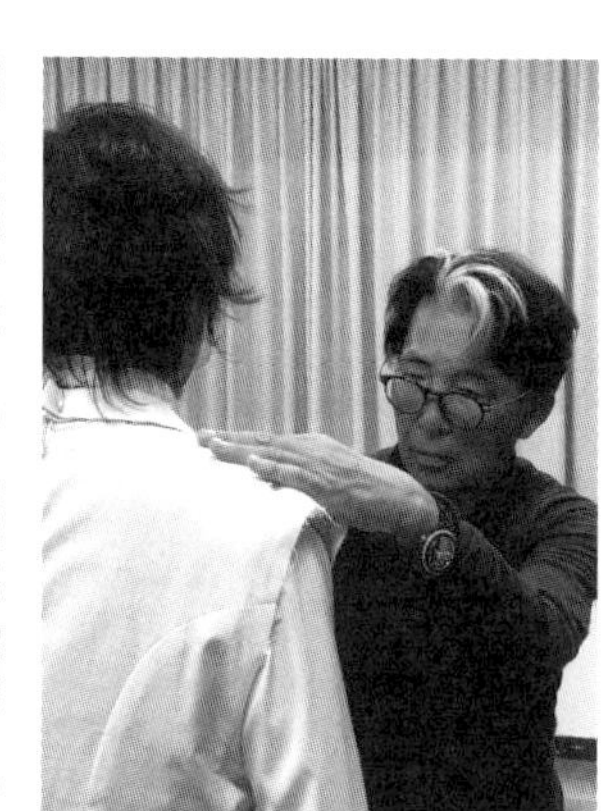
演者の衣裳チェックの目は鋭い。「綺麗に見えるだけの衣裳では意味がない」と、動きのある演者の衣裳のパターンにこだわる

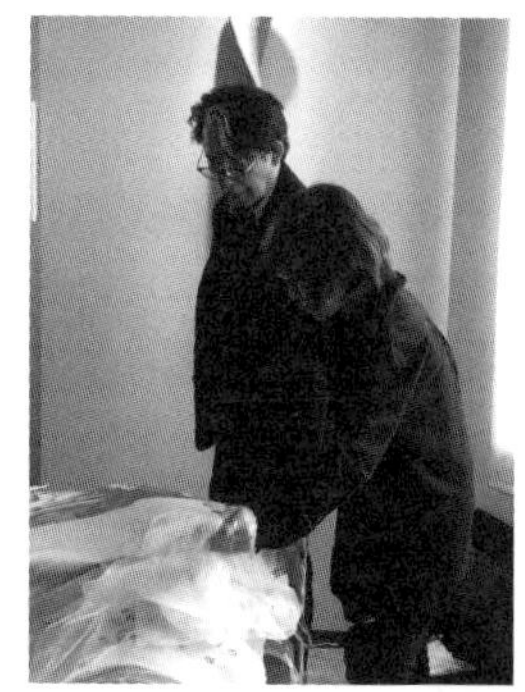
蝶々夫人の着物と重ねる生地のチェック。微妙な透明感の素材を入念にチェックする

2019年 蝶々夫人の衣裳デザインチェック中

色の魔術師・賢三。舞妓さんが勢ぞろいしたが、一人足りないため、男性スタッフに衣裳を着せて

よ！」とウイットに富んだジョークを飛ばし、ピリピリとしていたその場の空気が和んだこともあった。

「パリ〜東京間は、東京〜大阪間と同じ」

オペラの衣裳の制作期間は、賢三さんは、毎月のようにパリと東京を往復していた。フライトだけで12、3時間はかかるし、時差もある。だいぶお疲れなのではないかと心配になって、「パリ〜東京間は、賢三さんにとってどんな距離の感覚ですか？」と聞いてみた。すると「う〜ん、東京から大阪に行くのと同じくらいかな？」と返ってきて、何てエネルギッシュなんだろう、と改めて驚かされてしまった。

とにかく忙しい1年だったが、「蝶々夫人」のおかげで、賢三さんと多くの時間をすごすことができ、さらに距離が縮まったのではないかなと感じることもあった。賢三さんの感性を肌で感じながら傍でお手伝いし、たくさんのお話をすることもできたからだ。演出家の宮本亞門さん、そして舞台を実現した公益財団法人東京二期会の皆様には、この場を借りて心からお礼を申し上げたい。

ゲネプロと呼ばれる最終リハーサルは、2日間にわたって行われた。賢三さんは客席に座って衣裳チェックをする。

着物の丈が短い、ズボンの裾が靴に引っかかっている、ボタンが光りすぎているなど、細かなチェックが入っていく。

舞台上で舞妓さんが一列に並んだときには、その美しさに「色の魔術師」と称され

ゲネプロで舞妓さんの色のグラデーションと立ち位置をチェック（写真提供：公益財団法人東京二期会、撮影：三枝近志）

舞台裏。賢三さんは自分の部屋を用意されていたが、演者が行きかう場所で衣裳をチェックする繊細な方

た高田賢三の真骨頂を見ることができた。

終了したのは夜の11時半をすぎていたと思う。スタッフは皆クタクタである。「お疲れになりましたよね。何か軽いものでもさっと食べて、ホテルに戻ってゆっくりしましょうか？」と声をかけると、賢三さんは笑顔で「シャンパンが飲みたいよね。シャンパン！」と、テーブルを2回トン・トンと弾むように叩く（これは賢三さんのいつもの癖）。その場にいた誰よりも元気だったので、思わず笑ってしまった。

結局、お気に入りのイタリアンに向かい、お腹いっぱいで帰路についたのは深夜2時だった。

20歳も年上の賢三さんから、私は逆にパワーをもらうことが多かった。

いよいよ「蝶々夫人」公演初日になった。

賢三さんはよく、何かを発表する前に「怖い」という言葉を口にする。「世界の賢三」が怖いなんてことあるのだろうか、といつも思っていたが、パリコレの発表前と同じ感覚なのかもしれない。お客様の反応が心配でたまらないのだ。

楽屋が用意されていたのに落ち着いていられず、スタッフが忙しく行き来する場所に椅子を置いて座っている賢三さん。

演者が通るたびにすばやく近くに寄って衣裳をチェックする姿は、まるでファッションショーのバックステージだった。

2019年10月「蝶々夫人」公演スタート（写真提供：公益財団法人東京二期会、撮影：三枝近志）

初日舞台のカーテンコール（写真提供公益財団法人東京二期会 撮影：堀衛）

本番後舞台裏で

「お部屋にいていいのに、ずっとここにいますよね」と、亜門さんが笑う。

初回が無事にエンディングを迎え、カーテンコールが始まった。控えめな賢三さんは舞台袖に留まっていたが、亜門さんに促されて中央に連れていかれた。

そして戻ってきたときには、ペロっと舌を出してはにかみ、ふ〜っと大きく息をついた。「やっと終わりましたね。よかった」。本当にお疲れさまでした！　とハグをした。

その日、ホテルに戻る車の中で賢三さんが、私にそっとつぶやいた。

「もう衣裳デザインはやりませんからね（笑）」。

冗談めかしたひと言だったが、相当のプレッシャーがあったのだと思う。でも、きっと時が経てばまたやりたくなるんだろうな、と心の中で思いつつ、「はい、わかりました！」と答えて笑った。

Chapitre

9

セ・シュエット30周年と私の60歳の誕生日

セ・シュエット30周年、賢三さん80歳、私60歳

2019年は、私が会社を立ち上げてからちょうど30年を迎えた年でもある。賢三さんのパリでの80歳のお誕生日の後、「賢三さんがクアトロ成人式なら、私は60歳だからトリプル成人式だ」とスタッフに話していたら、「三月さんは今まで、自分のことで、何か皆さんにお披露目したことはある？」と聞かれ、「そういえば、ないなあ」と気づいた。

30年間を振り返ると、私はずっと黒子に徹してきた。ふと、この機会を逃したらチャンスはないかもしれない。お世話になっている人にお礼を伝えたいし、思い出にも残るかな？と考え始めた。パリで開催した賢三さんのお誕生日パーティーに来られなかった人もいるだろうから、日本で賢三さんのお誕生日のお祝いも兼ねるとよいかもしれない。

賢三さんに話してみると、「それはおめでたいですね。出席しますよ！」と快いお返事をいただいた。できればスピーチもお願いしたいなあ……という希望もあったが、

いやいや賢三さんには口が裂けても頼めない、そんなお願いをしたら出席さえも断れそうだから…と思いとどまった。賢三さんが人前で話すのが得意ではないことを重々に承知している。

　この年はオペラの衣裳制作なども重なりとにかく忙しかったが、ここでもまた「できないことはない」という〝賢三流のポジティブ精神〟で、何とか仕事の合間をぬって会の準備を進めることができた。賢三流のポジティブ精神は、不思議な力だ。

　開催日は、10月8日19時。会場は、渋谷のTRUNK（HOTEL）にした。

　司会は女優であり古くからの友人の山村美智さん（元フジテレビアナウンサー）にお願いした。ご主人が具合が悪く入院していたのにもかかわらず、大役を受けてくれた。受付は、会社の歴代スタッフらが当日の混雑具合に驚いて、お客様として来てもらっていたのに急遽引き受けてくれた。皆に感謝の気持ちでいっぱいだ。

　会場には仕事関係の方々だけではなく、多くの古くからの友人も集まってくれた。もちろん賢三さんとも親しい方々も、多数いらしてくださった。

　第一部は私の会社の30周年。第二部は賢三さん80歳のお祝いと私の60歳の誕生日会

株式会社フジ・メディア・ホールディングス／株式会社フジテレビジョン代表取締役社長（現会長）宮内正喜氏の祝辞（Photo by MASAO OKAMOTO）

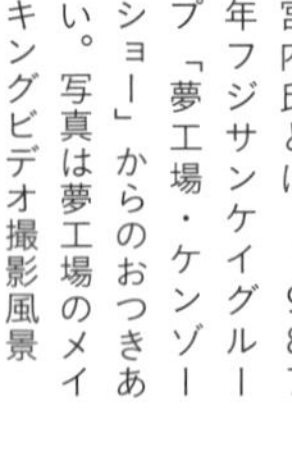

宮内氏とは、１９８７年フジサンケイグループ「夢工場・ケンゾーショー」からのおつきあい。写真は夢工場のメイキングビデオ撮影風景

司会は、友人の山村美智さん（女優・元フジテレビアナウンサー）（Photo by MASAHIRO OKAMURA）

乾杯のご挨拶は、賢三さんとは文化服装学院時代からのご友人で、世界的デザイナーのコシノジュンコさん（Photo by MASAHIRO OKAMUR）

日本のファッション業界をリードし続けられてきた太田伸之氏（株式会社ＭＤ03代表取締役）（Photo by MASAO OKAMOTO）

賢三さんが文化服装学院の師範科からご友人の松田光弘氏の奥様の啓子さん（Photo by MASAO OKAMOTO）

2019年 オペラ「蝶々夫人」の演出をされた宮本亞門氏

㈱パザパ設立（のちに㈱セ・シュエット）を支えてきてもらった現・旧スタッフたち（Photo by MASAO OKAMOTO）

母と娘からのサプライズ（Photo by MASAO OKAMOTO）

今まで黒子だった筆者がお祝いされている貴重なショット（Photo by MASAO OKAMOTO）

という流れである。

最初のご挨拶は主賓のお一人で、株式会社フジ・メディア・ホールディングス／株式会社フジテレビジョン代表取締役社長（現会長）の宮内正喜氏にお願いをし、快く引き受けてくださった。宮内氏とは、１９８７年に東京と大阪で開催し大反響を呼んだ、フジサンケイグループ主催「夢工場・ケンゾーショー」から、公私ともどももう30年以上のおつきあいとなる。

そして乾杯の挨拶は、デザイナーのコシノジュンコさん。賢三さんとは文化服装学院時代からの同級生でとても仲がよい。私にとっては身に余る光栄だった。

その他、諸先輩からもお言葉をいただいた。心からうれしかった。

二つのサプライズ

友人の物部彩花さん（歌手／AYA）が歌ってくれたりと盛り上がる第一部の終盤、驚くようなことが起きた。

賢三さんがサプライズでプレゼントを用意してくれていたのだ。

それは見覚えのある「カルティエ」の腕時計。

賢三さんが20年近く大切に身に着けていたもので、「その時計、本当に素敵ですね」と、何度となく伝えていたのをスタッフが覚えていたようだ。私に内緒で、賢三さんに「三月さんへのお祝いにプレゼントしてもらえませんか？」と恐る恐るお願いをしてくれたのだそうだ。すると「いいですよ。箱も探しておきますね」と、即答で承諾してくれたという。

賢三さんが長年愛してきた時計を、一緒に築いてきた年月とともに、そして、これからも刻んでいきましょうとサプライズのプレゼント

友人の歌手ＡＹＡ（物部彩花さん）が賢三さん80歳・筆者60歳を祝って歌ってくれた、Happy Birthday♪（Photo by MASAO OKAMOTO）

「一緒に時を重ねてきた」という意味が込められた、これ以上ないプレゼントだった。しかも、賢三さんの腕から外して私の腕に着けてくれるというサプライズ。あまりにも驚いてしまって、言葉にならないほどだった。

しかし、それで終わりではなかった。誕生日を祝う第二部では、何と二つめのプレゼントが用意されていたのだ。

これも「いつかはほしい」と切望していた、賢三さんの絵画。賢三さんと私が二人並んで描かれている。そして「お誕生日おめでとうございます」の文字と、漢字で「賢三」とレアなサイン入りである（通常の賢三さんの絵画のサインは英字のKenzo）。

これまたスタッフが、私の知らないところで「もう一つお願いが……」と頼み込んだのだそうだ。ただでさえ多忙な時期だったのに、賢三さんは無理難題を引き受けてくれた。しかも「2ショットでお願いします！」という注文つき。「これからも賢三さんと一緒に歩んでいく」という意味で、二人の絵にしてくれたのだそうだ。

賢三さんにもスタッフにも、お礼の言葉が見つからないほど、うれしい驚きでいっぱいだった。「何回も描き直して大変だったよ〜」といつもの調子で、少し本音混じりでジョークを交えて笑う賢三さんの顔が、涙でにじんだ。

賢三さんはサプライズが大好きなので、今回のプレゼントが私にバレないようにと、細心の注意を払ってくれたのだという。難しかったのは、大きな絵画をパリから持ってくること。普段から日本に着いたときにスーツケースを開けて荷物を出すのは私の役目なので、そのときにどう誤魔化すか苦心したようだ。

誕生日のプレゼントとして、筆者がいつの日かほしいと思っていた、賢三さんが描いてくれた絵画。通常は Kenzo のサインだがこれはレアな賢三のサイン

忙しくて描くのが大変だったんだよ。というジョークを交わしながら筆者が賢三さんからもらった絵画（Photo by MASAO OKAMOTO）

滞在するホテルに着き、いつものようにスーツケースを開けようとする私を、賢三さんが別の部屋に呼び出す。その隙に、スタッフがこっそり中から取り出して棚のいちばん上に隠すという作戦をしたそうだ。

まさかそんな画策があったとは思いもよらず、後から聞いて、またまた驚いてしまった。

パーティーの最後には、二人の写真がプリントされているケーキを1本のナイフでカットした。まるで結婚式の披露宴のようになってしまったが、皆が笑って楽しんでくれたのがうれしかった。もう一度乾杯をし、二人でハグをして、笑顔と感謝でいっぱいの会になった。

思い返せば、もし数カ月でも時期がずれていたら、新型コロナウイルスの影響でお祝いどころではなかっただろう。パリと東京、二つのパーティーがなかったら、賢三さんと会えずじまいだった友人や知人も多かったのではないかと思う。

賢三さん・筆者、誕生日のケーキカット
(Photo by MASAO OKAMOTO)

私が賢三さんのために役に立つことができた、最後のギフトになったのであれば、こんなにうれしいことはない。もちろん当時はそれから一年も経たずに逝ってしまうなど想像もできなかったし、二つのプレゼントが残念ながら形見になってしまうなど、思ってもいなかった。

「次は僕の88歳の誕生日パーティーだね」と目を輝かせて話していて、「盛大にやりましょう」と約束していたのに。

賢三さんが描いてくれた絵は玄関に飾っていて、毎日見守ってくれている。そしてつねに身に着けている腕時計はいつも一緒にいるような感覚で、私の一生の宝物になった。

Chapitre 10

新ブランド「K三」

新ブランド「K三」の誕生

傘寿を迎えてもなお、歩みを止めず夢に向かって突き進んでいく賢三さん。80歳にしてホーム&ライフスタイルの新ブランド「K三（ケイスリー）」を立ち上げた。

その準備で日本に訪れたとき、旅先や移動中に考えたというブランドロゴをうれしそうに紙に書きながら「賢三の『K』と、賢三の『三』。パリの友だちはイイねと言ってくれたんだけど、どうかな?」と、目を輝かせて話してくれたときのいきいきとした姿が忘れられない。

新しいことを始めるには、自分自身がワクワクするものじゃないといけないんだ、ということを身をもって教えてくれた。

「K三」のベースとなるのは、自然にインスパイアされた「Sakura（桜）」、繊細で洗練された心を持つ舞妓をテーマにした「Maiko（舞妓）」、荘厳さを力強くモノクロで表現した「Shogun（将軍）」の三つのコンセプト。

ソファーや椅子、テーブル、カーペット、ベッドリネン、ホームテキスタイルなどを展開する。東洋と西洋の美を融合し、生活を彩る色鮮やかさと、洗練されたモダンなデザインが特徴である。

日本の伝統技術を継承している職人へのオマージュとして、金継ぎの技法も取り入れた。

パリで2020年1月に開催されるインテリア・デザインの見本市「メゾン・エ・

賢三さんがブランドK三を始める際に、ホテルで「こんなロゴにしたんだ」と書いてくれた直筆のブランドロゴ

「SAKURA・桜」 © K三

「MAIKO・舞妓」 © K三

「SHOGUN・将軍」 © K三

2021年1月K三「Maison & Objet・メゾン エ オブジェ」出展

「SHOGUN・将軍」のベットで横たわる賢三さん

オブジェ」でのお披露目に向けて着々と準備が進む中、2019年10月の来日時に、賢三さんが「何かブランドのイメージを象徴するものが必要だ」と考えていたようで、「屏風(びょうぶ)なんてどうだろう」という話が持ち上がった。

もちろん日本で作りたい、となると、発表に間に合わせるには12月末にはパリに向けて発送しないとならない。制作期間は1カ月強しかないが、はたして間に合うのだろうか？

金・銀・錫を使った新しい屏風

私はすぐさま友人でありアーティストの藤澤龍一さんとKAZZ森下さんに、モダンな屏風を制作できるところがないか相談をした。

二人が推薦してくれたのが、株式会社マスミ東京の横尾靖さんである。急いで連絡を取り打診してみると、「ギリギリですね……」という返事だった。とにかく時間との勝負だ。

賢三さんが用意したのは、三つのテーマに沿った3点の二曲屏風のデザインだ。金箔・本銀箔・錫箔を用いて、それぞれを和紙に乗せて絵柄をプリントするという、高度な技術を要する。何工程にもわたる作業の途中、いろいろな問題が勃発したが、とにかくやり遂げるしかない。

職人の方々も、よりよいものを作ろうと全面協力してくれた。

年が明けて1月、完成した3点の屏風は無事にパリに届き、「メゾン・エ・オブジェ」の会場に飾られていた。伝統とモダンが感じられ、存在感がありとても美しい。

見にきてくれた方々の「Bravo Kenzo!」という声を聞き、「間に合ってよかった……」と胸をなで下ろした。

次は2020年4月にイタリア・ミラノで開催される家具見本市「ミラノサローネ国際家具見本市」に出展したい、「K三」の集大成を見せよう、と賢三さんは意気込んでいた。

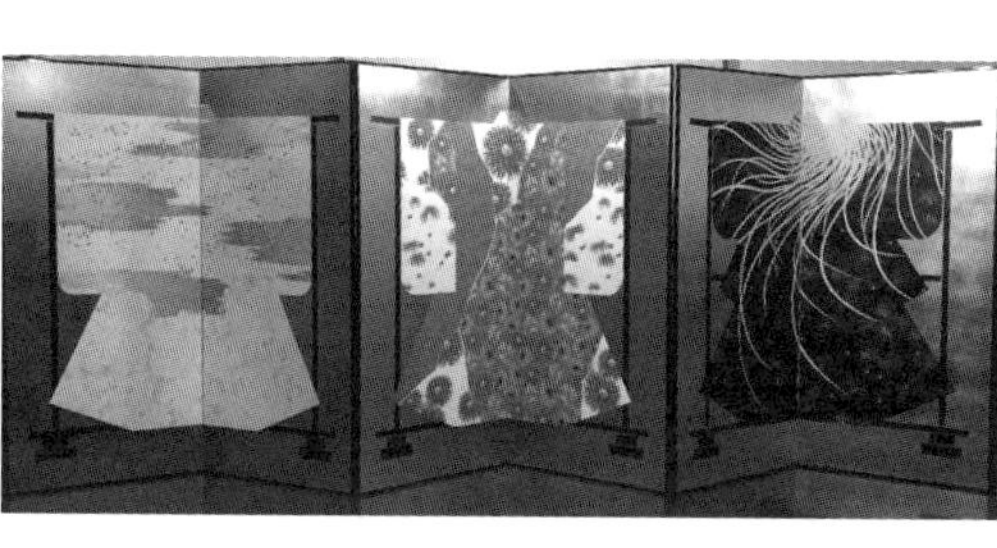

K三のブランドイメージ屏風。左から、SAKURA・MAIKO・SHOGUN（株式会社マスミ東京に依頼）

しかしその頃、世の中に不穏な空気が流れ始める。

新型コロナウイルスの蔓延(まんえん)だ。2020年3月11日にイタリア全土でロックダウンが発令され、「ミラノサローネ」は開催中止が決定的となってしまった。

そして、目に見えないウイルスの脅威はフランス・パリにも迫ってきていた。

イタリアのファクトリーにて　©K三

Chapitre 11

最後の作品

ついにパリがロックダウン

新型コロナウイルスの感染者がフランス国内で少しずつ増え始めた2020年2月末から3月頭にかけて、パリでは例年どおりファッションウィーク（パリコレ）が開催されたが、街はいつもの華やかで活気のある雰囲気とは少し異なっていた。

普段はマスクなどしないフランス人が、感染対策を気にし始めたのもこの頃である。学校閉鎖、レストランやカフェなどの閉鎖を経て、ついに3月17日からフランス全土で外出禁止令、いわゆるロックダウンが執行されることになった。

賢三さんは桜の季節はいつも日本に来ているのに、この年は渡航を断念せざるをえなかった。

「桜は来年までお預けだね」と残念そうに言う。街から人が消え、車も走っていない。そんなパリの風景を見て、きっと寂しい気持ちだったと思う。

電話で現地の様子を聞いたときに「何だか空の色が違う。排気ガスがないからかな、窓を開けて大きく深呼吸していますよ」と話をしてくれたことがある。

「これまで僕たち人間が、車やエアコンや、生活環境の便利さを優先した結果、地球の温暖化が進み自然を破壊してしまった。これから僕たち人間は、本当に自然を大切にしていかないと」と話をしていた。

ロックダウンのパリで一人、いろいろなことを考えていたようだ。

日本のメディアから取材を受けたときは、こんなふうに答えていた。

「人の力ではどうにもならない自然界の恐ろしさを感じながらも、自然との共存も新たに考えていかなければいけません。早くもとの生活に戻れるように、今できること

桜の季節の来日を断念。来年の2021年を楽しみにと賢三さん

ロックダウン中、パリの空は澄み切っていた

を念頭に置いて不要不急の外出は避け、自粛あるのみです。皆で一つになって乗り越える。この教訓をもって、新しい仕事や生活のあり方を考え、毎日をすごしていきたいですね」と。

8月、日本の感染者が減少してきたので帰国の兆しが見えたが、再び増加し始めた。賢三さんが楽しみにされていた来日。やっぱり「パリでおとなしくしていますね」と、賢三さんから連絡があった。その後ZOOMで打ち合わせをしたのが、顔を見ながらの最後の会話となった。

あのときに日本に帰ってこれたなら、何かが違っていたのだろうか。

最後の三つのプロジェクト

コロナ禍においても、賢三さんに関連する三つの大きなプロジェクトが進行していたので、電話やオンラインを通じて打ち合わせを重ねていた。

一つめは、姫路市の新たな文化コンベンションセンター「アクリエひめじ」の二つのホールに設置する緞帳の制作である。

姫路市出身の賢三さんが、緞帳のデザインを寄贈するというものだ。

賢三さんは生涯の半分以上をフランスですごしたが、いつも故郷のことを忘れていなかった。１９８９年には姫路城の三の丸広場で「ＫＥＮＺＯ」の大規模なファッションショーを開催し、１９９４年には姫路城の世界文化遺産登録を記念したイベントとして姫路市厚生会館でショーを行うなど、姫路への想いがつねに心の中にあったのだと思う。

「アクリエひめじ」の大ホールはサンライズ、中ホールはサンセットというテーマで、姫路城が朝日と夕日に照らされて光輝く希望に満ちたイメージを投影した。２０１８年の記者発表でデザインを披露し、緞帳を株式会社スミノエと制作した。京丹後市の工場で9カ月かけて、すべて手織りで仕上げられた。

賢三さんも工房に訪問する予定だったが叶わなかった。

賢三さんがデザインを手がけた緞帳が完成し、お披露目されたのは２０２１年7月の「アクリエひめじ」の完成記念式典だ。同時に、いち早く館内で高田賢三の追悼展

1989年 姫路城三の丸広場「KENZO」ショー
(Photo by 大石一男)

緞帳制作チェック@京丹後市工場（株式会社スミノエ）にて。ダブルスのテニスコートの広さの緞帳

「アクリエひめじ」大ホール サンライズ緞帳

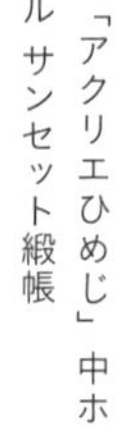
「アクリエひめじ」中ホール サンセット緞帳

が開催された。その会場で、32年前の姫路城でのショーに出演した子どもたちのご家族らが、当時の映像を見ながら懐かしい思い出を語り合う姿もあり、胸が熱くなった。賢三さんはきっと、空から微笑んで見てくれていたと思う。

二つめは、雑誌『家庭画報』(世界文化社)とコラボレーションした、香川漆芸(しつげい)の作品制作。

千葉由希子編集長からオファーがあったのは、2020年の初旬だった。

「いいですね。香川には行ったことがないし、ぜひ職人技を勉強したい」と、賢三さんは前向きだったが、なかなかコロナの流行が治まらない。来日することができないので企画をお断りしたほうがよいか、という話さえも上がった。

でも私はそのとき、なぜか止めてはいけない気がして、「いいえ、美しい作品を世に送り出しましょう! 創りましょう!」と賢三さんを懸命に説得した。

そしてさまざまな資料をかき集めてパリに送り、リモートの体制で制作が継続することになった。

人間国宝の山下義人先生が、賢三さんの想いを胸に魂を込めて創り上げた香川漆芸

「夢」漆プレート4枚セット。『家庭画報』（世界文化社）とのコラボレーション（撮影：鍋島徳恭／世界文化社『家庭画報』より）

「夢」漆重箱『家庭画報』（世界文化社）とのコラボレーション（撮影：鍋島徳恭／世界文化社『家庭画報』より）

作品のタイトルは「夢」。まさに夢のような美しさの漆重箱と漆プレートが誕生した。

そして三つめは、賢三さんのドキュメンタリー映画だ。

「＃ KENZO TAKADA（仮）」というタイトルで、賢三さんの創作とその想いを記録している（２０２３年公開予定）。

これら三つの作品、いずれも賢三さん本人ができ上がりをいちばん待ち侘びて楽しみにしていたのだが、残念ながら完成を見ることができなかった。

遺言状と賢三さんのＤＮＡ

つねに若々しく、自身の健康管理を徹底していて体も鍛えていたので、賢三さんは私よりもずっと長生きすると思っていた。なので過去に、「私を看取ってください」とお願いをして笑われたこともある。

まだコロナが蔓延する前のこと、賢三さんが滞在しているホテルの部屋で時間をすごしているときに、ふと聞いたことがある。

「賢三さん、遺言状は書かれないのですか？」

私の何気ない質問の答えは、何となく予想していたとおり「まだ書けないよ」だった。今はまだまだそんなことは考えられないよ、というふうに。

それはそうだ。夢をもって生きる「夢追い人」の賢三さんが遺言状など、自身の死について考えて夢を否定することなど、書けるわけがない。らしくない。

それ以上、遺言状の話をすることはなかったが、賢三さんのＤＮＡや美意識が詰まっている家や、たくさんの美術品、調度品などはどうするつもりだろう。何らかの形で後世に残せたらな、と心底思っていた。

なので「財団を作りませんか？」と話したこともある。でも、謙虚な賢三さんはそんな大層なことは考えておらず、「僕がいなくなったら、それまでですよ」と。

つねに「今」「そのとき」に対して一生懸命で、一時も無駄にすることがなく生きていたのだと思う。誰に対しても気を遣い、思いやり、そしてまったく欲がないのだ。

賢三さんは達観した人だと、歳を重ねるごとに感じていた。

Chapitre 12

2018年ドキュメンタリー映画

賢三さんと映画

賢三さんが自宅でいちばん好きな場所は寝室である。

コロナ禍のステイホーム中、「ベッドでリラックスしながら映画を見ているよ」とよく話してくれた。精神的にも映画に助けられることが多いのだそうだ。

特によく見ているのが昔の映画。現代にはない奥深さと、人を無条件に惹きつける魅力があるという。

好きな映画の一つがフランコ・ゼフィレッリ監督の『ロミオとジュリエット』（1968年）。思春期の頃に見たことがあるそうだが、まるでルネッサンスの絵画を見ているようで、「今見ても改めて感動する」としみじみ話してくれた。

また、ローレンス・ハーヴェイ監督やグレゴリー・ペック出演の作品は、美の原点を感じるという。『夏の嵐』や『山猫』などルキノ・ヴィスコンティ監督の作品、そして日本映画では『野菊の墓』や、黒澤明監督の映画も好きだった。

そのうえ、ユーチューブのヘビーユーザーで、「キーワードを入れれば、僕の見たい動画がたくさん出てくるよ」と楽しそうである。日本の歴史や世界の歴史を、改めて勉強していたようだ。

日本の歴史の話をしているとき、「歴史上の人物の活躍はすごい」と、賢三さんはよく言っていた。あるときスタッフが賢三さんに「織田信長、豊臣秀吉、徳川家康、そして髙田賢三ですね」と言ってみたら、思いっきり肩を叩かれ、「言いすぎですよ～っ！」と、案外うれしそうだったことも懐かしくも楽しい想い出だ。

2020年1月パリでのドキュメンタリー映画の撮影がスタート

ドキュメンタリー映画モノローグの撮影風景

2020年1月パリ。寒いセーヌ川の橋で、寄り添って写真

特に近年、よく見ていたのが、空海やブッダ、神道に関する映像だ。過去にテレビ番組の仕事で奈良の東大寺の別当さまと深く神社仏閣のお話ししたこともあり、より興味を持ったようだった。

そんな賢三さんは、画面を通してではなく、「もう神の世界にお戻りになりなさい」と呼ばれたのではないだろうか。振り返れば、そう思わずにはいられない。

ドキュメンタリー映画のオファー

そんな映画好きの賢三さんに、さかのぼること2018年10月、「髙田賢三のドキュメンタリー映画を作りたい」という話が舞い込んできた。

でも翌年に控えていたオペラ蝶々夫人の衣裳の仕事に集中したいので、その後なら、という条件で制作がスタートした。

この映画の特徴が、モノローグとして賢三さんが自身の人生を語る、というものである。

しゃべることが苦手なので、大丈夫だろうか、と少し心配していたのだが、他の映画との差別化をするために引き受けることになった。

２０１９年にインタビューなしで密着で撮影のみがスタートし、そしてモノローグの撮影がスタートしたのが、２０２０年の初めだった。

すでにコロナが蔓延(まんえん)し始めていていたので気になってはいたが、まさかその後何年も収束しないとは誰も思っていなかった頃だ。

パリで1月～2月初旬にできるだけ撮影をし、次は2月末～3月に撮る、ということになっていた。

当時は「K三」の発表準備で大忙しだった。あまりにも多忙で疲れがたまっていたからか、賢三さんは2月下旬に体調を崩してしまった。もともと賢三さんはすき間風に敏感で、少し寒いと微熱を出してしまうのである。

それでも撮影は続いた。時間を見つけては、今日は3時間、明日は2時間、少し休憩を入れて大丈夫そうであればもう2時間……いつも穏やかな賢三さんが、少しイライラしているように見えた。

あんなにも体調がよくない中で仕事をしている姿を見ることはあまりない。無理をさせてしまっていることが大変心苦しかったが、映画の公開予定を考えると今撮影をしておかないと、という焦るような気持ちとのせめぎ合いだった。

モノローグの撮影が終わった3月頭、私は東京に戻った。それが賢三さんと直接会った最後である。

仕事を詰め込んで疲れさせてしまったこともあり、あまりよい雰囲気での別れ方ではなかったことは事実だ。

ただ、帰国する前日、賢三さんに一日ゆっくりとしてもらい、夕方に自宅に行って冷蔵庫を確認し、ボンマルシェで買い物をして日本食を作った。お好み焼き、出し巻き卵、ほうれん草のお浸し、茄子(なす)の煮びたしなどを作った。無理をさせたせめてもの償いとして、体にやさしいものをたくさん食べてもらえたら、と。

キッチンで用意をしていていたら、「美味しそうだね〜」と、ひと口つまみ食いにきたいつもの賢三さん。だいぶ反省していた私は、そういった何気ないしぐさに救われる思いだった。

東京に到着してすぐ、私は改めて謝りとお礼のショートメールを送った。

2020年3月 疲れている賢三さんの自宅でお好み焼きや日本食を料理

卵はBIOで

ボンマルシェへの買い物

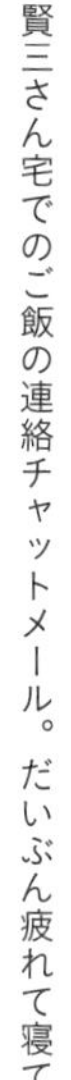

賢三さん宅でのご飯の連絡チャットメール。だいぶん疲れて寝ている

賢三さんから返事もすぐに届き、「体調が悪くて申し訳なかった。今日は少し回復したので、TOYO（行きつけのフレンチレストラン）に行ってきた。仕事も始めました」と。ホッと胸をなで下ろした。

映画の公開は、賢三さんのご逝去後、さまざまなことが重なり当初の予定より遅れている。おそらくこの本が出版された後、公開されるだろう。

編集中の映像を見ていると、賢三さんの低くて落ち着きのある声が流れ、胸が苦しくなる。

映画の成功を誰よりも望んでいたのが、賢三さん本人だったことは間違いない。なので、いつまでも哀しみに浸っている場合ではない。私がお手伝いできることがあれば、最善を尽くそうと思っている。ぜひ、多くの方にドキュメンタリー映画を見てもらえたら、と願う。

Chapitre 13

賢三さんと食

賢三さんはいつも食事を大事にしていて、晩年までよく食べ、そしてよく飲んだ。それが若々しさとパワーの秘訣なのではないか、と私はつねづね思っていた。

賢三さんはパリではすっかり有名人で友人も多いので、一緒に外食をするときにはどこへ行っても「Ｋｅｎｚｏ！」と声をかけられていた。

住み込みの専属シェフ

食にこだわる賢三さんには、パリ11区、バスティーユの一軒家に住んでいた頃、敷地内に住み込みの専属シェフがいた。朝キッチンに行くと、もう夜ごはんの仕込みをしていて美味しそうな香りがしたものだ。大きな邸宅に響く料理の音は、私にとって懐かしい思い出の一つだ。

賢三さんには歴代で何人かのシェフがいて、初代は山田友子さんだ。フランスチーズのバイブルともいえる一冊「チーズ図鑑」に携わるほど食に精通していて、男気のある素敵な女性である。帰国後は東京の九段上で「ビストロ シェ ラ・タント」を開業された。

二代目のフランス人シェフは、和食を作ることが苦手だった。あまり長続きしなかった。

そして最も長く専属シェフを担当したのが中山豊光さんである。賢三さんがランチによく行っていたパリ1区の和食店「ISSE」で働いていて、その店が閉店する際、賢三さんが「うちに来ませんか」とオファーしたのだそうだ。

中山シェフに第一子が生まれると賢三さんの家に子ども用のサークルがあり、普段は静かな邸宅で子どもの泣き声がするのは、少し不思議だったけど何か暖かい気持ちになったものだ。

中山シェフから聞いた話で、グルメの賢三さんらしいエピソードがある。

中山シェフは一度、あまり時間がなくて少しだけ手を抜いてリゾットを作ったことがあり、賢三さんの口に合ったかな？　と心配していたら、だいぶん日が経ってから、賢三さんに「あれはリゾットじゃなかったよね」と言われたことがあったそうだ。さすが賢三さんの味覚は誤魔化せない。賢三さんのやさしくも鋭い指摘は、前述の賢三さんを師と仰ぐMarcy・中山シェフ・私のトライアングル仲間に、ベクトルがたびた

中山シェフのパリの店「TOYO」の賢三さんが描いたシェフの肖像画

「TOYO」の中山シェフとスタッフと賢三さん

び向けられる。

その後独立した中山シェフは、パリでフレンチレストラン「Restaurant TOYO」をオープンした。お祝いで賢三さんが描いたシェフの肖像画は、今も店内入口に飾られている。まるで賢三さんの第二の家のように、多いときには週3回も顔を出していた。デザートは決まってバニラアイスと粒あんの組み合わせだった。

その他、賢三さんがよく通った店は、ランチではアパートの真向かいに建つ「ホテル　ルテシア」のレストランや、6区にある老舗ビストロイタリアン「ル・シェルシュ・ミディ」などである。和食が恋しくなったら「あい田」に行った。セーヌ川沿いにある「Restaurant Voltaire」は昔からのなじみで、いつも〝Moitie（半分）〟の量で注文していた（フレンチは量が多いので）。とても美味しいフレンチだ。

賢三さんが好きなパリの和食「あい田」

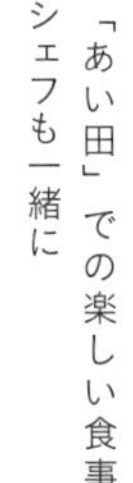

「あい田」での楽しい食事。シェフも一緒に

好きなもの／苦手なもの

賢三さんは、和菓子が大好きである。

特に粒あんには目がない。なので日本に来たときには、私は大福やどら焼きなどを用意しておき、好きなときに食べられるように滞在するホテルの部屋に置いておく。

でも一度、たくさん入った箱ごと置こうとしたら、「わからないように引き出しにしまっておいて。夜中に全部食べちゃうからね」といたずらっ子のような表情で言われた。以来、2、3個だけ机に出し、後は隠すようにして引き出しの奥へしまった。

でも、引き出しを開ければ残りのお菓子はあるので、時差で眠れないときなど、ついつい全部食べてしまっていることもあった。

あるときは、部屋を訪ねたが賢三さんの姿がなく、どこを探してもおらず、少し心配になった頃に、賢三さんは部屋に戻ってきた。その手には紙袋を持ち、「カステラを買ってきちゃった」と照れながら報告された。少しバツが悪そうだった。

移動中も、賢三さんは少し疲れたら甘いものが食べたくなる。「あんみつ・甘味」

の文字を見つけると即反応する。お気に入りは「とらや」である。夏の暑いときには白玉小豆のかき氷やあんみつ、冬はぜんざいだった。黒砂糖が好きで、デザートに黒密をかけるのが好きだった。

お菓子以外では、日本に到着した日の夕食によく食べていたのは、パレスホテル東京「和田倉」のしゃぶしゃぶだった。「脂が落ちるしヘルシーだからね」と言っていたが、賢三さんが食べるお肉は脂たっぷりの霜降りで、賢三さんの解釈がユニークでおもしろい。

私がうれしかったのは、私と食の好みが合っていたことである。たとえば、辛子明太子、からすみ、キャビア、子持ち昆布といった魚卵系が大好きだった。

食の話になると「今度あれを食べましょう！」といつも盛り上がる。高級なお店ばかりではなくコンビニのおにぎりも好きだし、昔ながらのラーメン屋も餃子も「ここ美味しいですよ」と、お連れすると気に入ってくれた。

注文するものはだいたいパターンが決まっていて、鮨屋ではまずアワビのぶつ切り、あっさりとした突き出しの後に茶碗蒸し、烏賊や白身のこぶ締めのにぎりを食べて、巻物は赤貝のひもキュウやネギトロ巻きで締めるのだ。

鮨屋での話だが、注文したものがなかなか来なかったことが多々ある。お腹がすいていると、賢三さんは徐々にイライラが募る。あまりにも遅いときには、「賢三さんが怒る前に私が行かねば…」と、クレームを言うために私は席を立ったことが多々ある。その私の様子を見て賢三さんは、同席していたスタッフに「あれ、結構行くからね」と言ってニヤッとしていたらしい。それからことあるごとに「鈴木さん、行くねえ」と、賢三さんの代わりに突っ込んでいく私の行動がちょっとうれしいらしい。

日本でも、賢三さんのお気に入りのレストランがいくつかあったが、その一つが京都・祇園の「おいと」さんである。締めのおでんが格別なのだ。熱々の牛筋、ロールキャベツ、大根などを、美味しそうにほうばっていた。

そして、食事に欠かせないのがお酒。和食のときには冷酒で、洋食なら最初はシャンパン。ボトルで頼むとき、お店の方に「お二人で飲み切れそうですか？」と聞かれると、「大丈夫、この人飲むからね！」と私の肩を叩く。そして赤ワインも「体にいいからね」と、よくボルドーを飲んだ。

逆に苦手だった食べ物は、活け造りの魚や川魚、ジビエだ。「動物の姿を想像してしまうと食べられないんだよね」と言う。小さい頃に鶏を飼っていて、親が首をキュっと締めたときの音が耳に残っているそうだ。また、烏賊の活け造りも少し苦手で、女子高生のように「キャッ！」とは言わないが、「ワッ‼」と怖がる。

それなのに、「え～っこれ食べれるんですか？」と驚いた食べ物があった。メジェーブのスキー場にて、レストランで出た「Ｂｏｕｄｉｎ（ブーダン）」という、豚の血と脂（ラード）を使った腸詰の一種だ。色が黒くて私なら躊躇してしまう。

京都・祇園の「おいと」さんで、宮内夫妻と一緒に

でも、玉ねぎなどが入っていて臭みはない。フランス人が好む伝統的なシャルキュトリ（食肉加工品）の一つだ。

また、私自身も料理が好きなので、賢三さんの家で何度もキッチンに立った。ハンバーグやエビフライなど、いわゆる日本の洋食が好きな賢三さんなので、コロッケを作ったりした。肉屋でブロック肉を挽肉にしてもらい、フランスの美味しいジャガイモと玉ねぎを使って超シンプルに料理をする。

賢三さんはよくキッチンまで来て、「いい匂いがするね～」とじっと揚げたてのコロッケを凝視していた。食べたそうな顔をしている。なので「よかったらアツアツをどうぞ」とすすめると、「いいの？」とうれしそうに熱々をつまみ食いをする。賢三さんの幸せそうな顔が、私は何よりも好きだった。

ある日のこと、お昼の時間になり、「今日はお蕎麦行きましょう」と賢三さんが言ってきた。お蕎麦屋さんでメニューを見て、「納豆そばも美味しそうだし、冷やしとろろも美味しそう」と悩んでいたので、「それなら、冷やしとろろ頼んで納豆をトッピングしたらどうですか？」と提案したところ「いいねぇ～、そんなことお願いできるの？」と満面の笑み。薬味も大好きなので、たくさん入れて美味しそうに食べていた。

その数日後、「またお蕎麦にしない？」との賢三さんからの提案があった。「お蕎麦に納豆をドッピングしたらよいよね」とうれしそうに言うので、「トッピングですよね」とツッコミを入れてしまった。たまに可愛く言い間違えることがあり、そのたびにユニークな「賢三語録」として、私の頭の中の引き出しにしまった。

コロナ禍と「おふくろ便」

2020年のコロナ禍のパリでは、日本の食材が手に入りづらくなった。なので、私は何回か箱いっぱいに食材を詰めて賢三さんに送っていた。まるで一人暮らしの息子のために食材を届けるかのようにも思えるので、いつもそれを「おふくろ便」と呼んでいた。お米、レトルトカレー、海苔（のり）、梅干し、おせんべいといった好きな食べ物と一緒に、うがい薬や葛根湯、サプリメント、ユンケルなども送った。

2020年9月初旬にも、賢三さん本人から「おふくろ便」のリクエストがあり、私は急いで用意した。いつもデパ地下でカゴいっぱいの食材を買っている賢三さんを思い出しながら、大きな段ボール箱にたくさん詰めた。

「その荷物が届いた」という連絡がパリのスタッフから送られてきたのは9月17日だった。しかし、そのときすでに賢三さんは入院していたので、退院したら食べてもらいたいと願っていた。

でもその箱が、本人によって開けられることはなく、残念でならない。

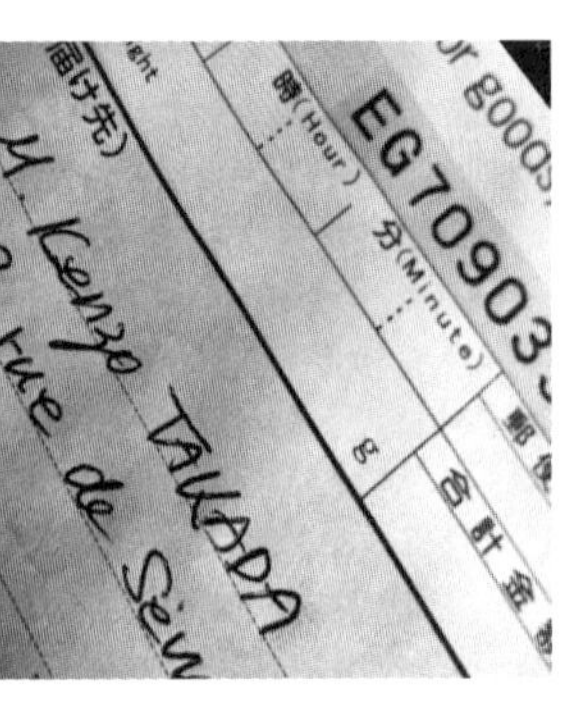

おふくろ便の伝票。食材などを入れて送っていた

Chapitre 14

旅

海外での旅と仕事

パリでデビューしたときから、旅は賢三さんのデザインのインスピレーションの源だった。仕事も含め、世界中のいろいろなところに連れいってもらった。賢三さんは、いつも自然体だった。

〈旅の持ち物〉
どこに行くときにも、賢三さんが必ず持っていったのが、「エルメス（Hermès）」のトランプ、クロスワード系の本、手帳2冊。それからモード誌を持ち歩くこともあった。

トランプは2組セットのもので、時間があるとダブルソリティアを楽しんでいた。机いっぱいにトランプを広げて真剣に、まるでその日の運勢を占うかのようだった。うまくすべてそろうと満面の笑みで「よいことあるかもね〜」とうれしそう。うまくいかなかったときには「あ〜」と机を軽く叩き、「もう一回いい？」と再チャレンジする。私も一緒に参加するのだが、これが結構難しいのである。クリアしたときにはハイタッチして盛り上がった。子どものようだ。

手帳にはその日あったことや、思いついたものをメモしていた。日記のように書き記していたようだ。賢三さんにとって、大切なパートナーだったのではないだろうか。

相棒のラゲージは「トゥミ（TUMI）」。私がパリから戻る際にラゲージが壊れてしまい、賢三さんのトゥミを借りたことがあった。これがものすごく使いやすく、帰国してすぐに同じものを購入してしまったほど。お返しするときは、中に日本の食材をたくさん詰めてパリに送った。つい最近のことだ。

飛行機など移動時にはプラダのリュックも愛用していたが、普段の食事といった外

旅先では、Hermèsのトランプ2組セットでのダブルソリティアがお気に入り

出時はバッグを持たないスタイルである。ジャケットのポケットに小銭を入れ（ユーロと円がごゃまぜになっているので、ユーロは金庫にしまっておくようにした）、内ポケットに黒のカードケースとお札を入れていた。持ち歩いていた携帯電話では、旅先で風景や夕日の写真をよく撮っていた。

旅先でも、賢三さんは仕事も遊びも一生懸命だった。何に対しても思いきり自然体で楽しんでいた。そして、その土地の民族衣装をディナーに着ていくのが賢三さんの流儀だ。プーケットではパレオ、インドではシルクのセットアップなど。伝統や文化を隔てなく取り入れて賢三風にアレンジする、旅でもアーティスト髙田賢三の真骨頂を生で見るようだった。

〈メジェーブ〉

私の父が山岳部に入っていて、登山や狩猟、スキーを嗜(たしな)んでいた影響で、私は3歳から毎年スキーに行っていた。ゴーグル焼けして〝メガネザル〟とあだ名がつくほど。大人になってからは雪山から少し遠ざかっていたのだが、賢三さんのお誘いで同行したフランス・メジェーブは忘れられない。世界屈指のスキーリゾート地で、日本のスキー場とはスケールが違う。難易度の高い斜面も多く、クレバスがあるので、インストラクターの同行は必須である。転んで雪だるまのようになっている人がいて、よく見たら賢三さんだった、ということも。

77歳のお誕生日をスキー場で祝おうという計画があったのだが、その直前に本人が膵炎（すいえん）に罹（かか）ってしまって断念したが、賢三さんの若さには感服する。

〈プーケット〉

賢三さんは、プーケットには別荘を所有し、ヴァカンスをすごしていた。当時は日

メジェーブでのスキー

プーケットでエドの船でちょっとふざけて

プーケットで、賢三さんのイニシャルのKT文字を表現

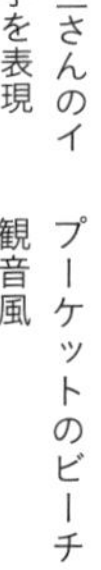
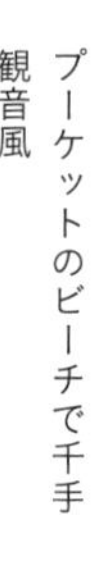

プーケットのビーチで千手観音風

エド所有の船は情緒溢れる

本から往路のみ直行便があったので、たったの7時間で別世界に行けた。

賢三さんの友人であるエド・タトル（Ed Tuttle氏、賢三さんと同年の２０２０年6月にご逝去）は、世界的な建築家で、パリやミラノのパーク・ハイアット、そしてアマングループのアジアのホテルのほとんどを手がけた方である。エドと賢三さんの別荘は隣り同士だった。二人とも偉大なアーティストで、天性ともいえる素晴らしい感性の持ち主だ。私たちに美を与えてくれる存在だった。

思い返せば、プーケットは楽しい思い出ばかりだ。日本から持ち込んで別荘で茹（ゆ）でた素麺と、タイ風天ぷらを食べるのが至福のときだった。作るのは私の役目なのだが、賢三さんは麺の茹で加減にとても敏感なので、用意する水から冷やすタイミングまで真剣勝負だ。

志村けんさんのコント〝変なおじさん〟などコスプレ衣装を日本から持参し、皆でそれを着て踊ったり（もちろん賢三さんも）、仮装のままエドの家まで歩いて行って驚かせたこともある。

しかし、その別荘を売りに出すことになり、ようやく売却がすんだ２００４年に、プーケットを大津波が襲った。約23万人の犠牲者を出したスマトラ沖大地震である。エドはどうしているだろう、ととても心配になったが、地震が起きる直前にパリ行きの飛行機に乗っていて無事だったそうだ。ほっとすると同時に、二人に対して選ばれし者が持つ強運さを感じた。

〈タヒチ〉

２００１年にＮＨＫの番組「世界・わが心の旅」から出演オファーがあった。どこでも希望する地に行ける企画だった。賢三さんに話すと、「ゴーギャンが晩年をすごしたタヒチに行ってみたい」とのこと。

ポール・ゴーギャンの絵画は、賢三さんの美意識に影響を与え、畏敬の念を抱く存在だったからだ。

撮影が決まり、二人でタヒチ島に到着した。まずパペーテにあるパレオの工房を視察し、その工房で作品を作るという段取りになった。その後、ゴーギャンが眠っているお墓があるマルケサス諸島へ行くことになった。

実は私は飛行機が苦手で、プロペラ機に乗るのが怖くて仕方がない。そんなとき、賢三さんは「人間、死ぬときは死ぬよ」と笑う。途中の小さな島で給油をしている間、島に降りてみたら、見たことのないほどの青い海と降り注ぐ太陽——その絶景に怖さも吹き飛び、感動したのを覚えている。

マルケサス諸島では、賢三さんはのびのびと楽しみながら取材に応じた。ヒバ・オア島にあるゴーギャンのお墓の前で、道端に咲いていたお花を捧げた。「こんなに素晴らしい自然の中で晩年をすごしていたんだね」と、感慨深く空を仰いだ。

再びパペーテに戻り、そこからが大変だった。TV番組として何か一つのイメージで映像をまとめていかなければならない。制作スタッフと相談しながら、最終的には賢三さんが作ったパレオを活かして楽園のイメージを創ろう、ということになった。急いでロケハンをし、モデルを集める。最後の撮影は滞在最終日で、もし雨が降ったら一貫の終わりという状況だ。祈りが通じたのか晴天に恵まれ、森の中の小さな泉にパレオをまとった美しいモデルたちが賢三さんを囲む、神秘的な夢の世界を創り上げることができた。

帰国便はニュージーランド経由で帰った。日本が近くなってきたとき、賢三さんが

タヒチで撮影。ちょっと新婚旅行風だねと賢三さん

NHKの撮影のためのパレオ作り。もちろん賢三さんも興味深々

マルケサス諸島から出発の日。小さな飛行場で。赤い花をつけて

こんな小さなプロペラ機で、パペーテからマルケサス諸島まで。怖かった……

「東京に着いたら、お鮨を食べにいかない？」とぼそっと言った。慌ただしい日程だったので、美味しいものにありつけなかったのが心残りだったのだろう。着いたその足で、お鮨屋さんに直行した。

〈海外への仕事〉

賢三さんとはいろいろな国に行ったが、その多くは仕事の同行である。ファッションウィークやトークショーに、世界各地から賢三さんを招聘する声がかかっていた。訪れた地では、賢三さんは必ず美しい建築物やアーティストの作品を見にいく。ブラジルの滞在も思い出深く、赤土の大地・ブラジリアでは、オスカー・ニーマイヤーの建築やブラジリア大聖堂に感動した。驚いたのが、サンパウロファッションウィークに出席したときの、賢三さんに対する観客の熱狂ぶりだ。日系ブラジル人は、賢三さんが一人パリに渡り「世界のKENZO」という地位を獲得した姿を、祖父祖母に重ね合わせていたのかもしれない。

唯一、賢三さんが行きたくても行けなかった地がアマゾンだ。その土地の部族にも会いたいと言っていた。でも、当時は予防接種や動植物の危険性といった関係で、どうしても行くことができなかったのが残念だった。「アマゾンの森の中なら、ハンモックで寝てもよいですよ、僕は」と、言っていたが、自然との共存ではあるが危険すぎると思った。なかなか大胆な賢三さんだ。

日本全国の旅

賢三さんは足腰が強い。80歳を超えても軽快なステップで走る走る。姫路の白鷺（しらさぎ）城では休憩なしで天守閣まで一気に登ってしまい、同行した私たちスタッフは息が上がってついていくのがやっとだった。

一度、80歳を前にして骨密度を測ったことがあり、結果は「56歳程度」と出た。それを見て、賢三さんは「もう歳ですね…」と落ち込んでいたのだが、十分にすごいと思う。よく食べてよく運動し、健康管理をしっかりして、心身ともに若々しかった。

〈湯河原〜京都の旅〉

プライベートマネージメントの役割は多岐にわたった。賢三さんの仕事の出張だけ

スタイリストの前田みのるさんと、デザイナーの丸山敬太さんとの　お忍び温泉旅行も楽しかった

温泉ではカラオケがお気に入り？

熱海へ。とっても仲のよいフランス人のお友だちと

ではなく、個人的な旅行についても準備からお手伝いし、同行させていただいていた。

あるとき、フランスから来日する友人たちと湯河原や京都・奈良をめぐるという。「いつも鈴木さんに来てもらっているけど、仕事も忙しいだろうから今回は大丈夫」と賢三さん。本当に大丈夫かな？　と少し心配になったが、「僕、日本人だから問題ないよ」と言うので、私は同行しないことになった。

なのに東京駅まで送った日の夜、賢三さんから電話があり、「これから湯河原に来れる？」と連絡があった。やっぱりギブアップだったようだ。すぐに新幹線で向かって、一週間強の旅に同行することになった。かかえていた仕事の調整は大変だったが、「ごめんね」と照れるように笑う賢三さんの顔を見ると、何でも許してしまう自分がいた。

〈山口〜姫路〜京都の旅〉

　1994年、私が妊娠8カ月のときに同行した旅では、たまたま同じお部屋に泊まることになった。伊豆のホテルに着いたとき、「ここのスイートルームとか見てみたくない？」と賢三さん。係の方に頼んで見せてもらうと、「今晩は空いていますよ」と言われた。価格はだいぶ上がるが、二人同室なので広いほうが何かと都合がよいし、「たまには贅沢(ぜいたく)してもよいよね」と部屋を移ることになった。

　しかし、寝室に入ってみるとキングベッドが一台。恐れ多くも仕方なく一緒のベッドで寝ることになってしまい、そのことを連絡した私のスタッフに笑われた。大きいお腹をかかえて、なるべく端に寄って眠ろう……なのに朝方、ふと目を開けると賢三さんの寝顔が目の前に（！）。もう一度目をつむり反対側を向かなければと思ったとき、眠りから覚めた賢三さんと目が合ってしまう。慌てて「あっ！　おはようございます！」と声が出て飛び起きた。

京都でもカラオケ？

神社仏閣を回って、ちょっと疲れると甘い物。ぜんざい系大好き。夏だったので、かき氷ぜんさいを

京都の寺町で疲れて歩道に座る

京都寺町で盛り上がる

京都旅行中のショット。賢三さんの足が長すぎ

京都でお能の衣裳を見せてもらい、羽織ってポーズ

京都でお茶をたてて神聖な気持ちに

姫路 白鷺城・姫路城

天守閣までノンストップな賢三さん

天守閣でお参り

〈金沢の旅〉

いつも私が傍で付き添っていたので、温泉宿では「部屋づけの露天風呂でごゆっくりどうぞ」と、夫婦に間違われたことが何度もある。２０１８年の金沢の旅では、ついに「賢三さんのお母さまですか？」と聞かれてしまった（賢三さんより20歳も下なのに…と、私にはショックな出来事）。賢三さんに伝えると、大爆笑された。それをネタに、帰りの新幹線で「お母さん、爪切り持ってる？」とジョークを繰り出す。旅にはいつも笑いが絶えなかった。

輪島市の塗師屋 大崎庄右エ門さんの工房へ。賢三さんのご友人たちも輪島塗に興味深々

金沢兼六園

〈九州の旅〉

2017年、賢三さんの東京滞在中、私は雨の日に自宅前で転んでしまった。救急病院に行くと鎖骨が折れており、「手術が必要」と言われてしまった。……まずい、賢三さんとの九州の旅への同行が控えている。かなり痛かったが、旅行を優先して手術を先送りすることにした。すぐに賢三さんに伝えたら「あ～（鈴木さんが同行してくれて）よかった！」と素直に言われたので、痛みを忘れて笑ってしまった。

そして、賢三さんの肩を叩く癖を回避しながらの旅になった。旅先の旅館で腕の三角巾にサインをお願いしたら、芍薬の花の絵と、座右の名である「夢」と書いてくれた。はたして骨折に夢はあるのかな？　と思いながら、くすっと笑いそうで、うれしかった思い出だ。

旅の途中、濡れた地面で滑ってまたもや転びそうになった私を、賢三さんがとっさに支えて助けてくれた。でもそのとき、自分の腕で賢三さんの鎖骨をチョップする恰好になってしまい、「これで賢三さんも骨折したら大変だった」と同行していた皆に笑われた。本当に折れなくてよかったが、あのときの賢三さんの「僕は命の恩人ですからね〜！」という得意顔を思い出すと、今でも吹き出してしまう。

骨折中の筆者の三角巾に、お花と夢のサイン

器探索

筆者、骨折中に賢三さんとおはぎ。三角巾は賢三さんデザインのスカーフで

烏賊の活け造りの後。なぜか攻撃的な修さん

行定監督と阿蘇を巡る

熊本で初対面のくまモンと賢三さん

〈福岡・熊本の旅〉

福岡・熊本に初めて訪れた旅では、その後賢三さんはすぐに金沢に向かう予定になっていた。私は仕事が残っていたので別行動となったが、福岡空港から飛行機に乗ったはずの賢三さんから電話が鳴った。驚いて「何かありましたか?」と出ると、飛行機に乗り遅れたとのこと。「え! なぜ?」と気になって尋ねると、口ごもりながら「明太子を…」と言う。ああ、大好きな明太子のお土産選びに時間がかかったのか、と察した。そして「事情を説明したら、次の便に乗せてくれるみたい」との声を聞き、よかった、と胸をなで下ろす。

それにしても、たまたま空席があったから振り替えてもらえるなんて滅多にないことで、何て強運なのだろう。賢三さんを中心に、世界が回っている感じだ‼

〈京都の旅〉

日本に滞在するときには、京都は毎年のように訪れていた。あるとき、夕食の後に暇を持て余していた賢三さんが、「パチンコに行ってみない？」と言い出した。古都京都の地でパチンコとはおもしろい。一時期カジノにはまっていたことがあったので、たまに遊びたくなるのだろう。

二人でパチンコ店に入ってみたものの、ルールがわからない。でも賢三さんは隣のおじさんとすぐに打ち解けて、「こうやったらよいよ」とアドバイスをもらったようだ。みるみるうちに大当たりし、30分後にはドル箱が3個！　だんだんと真剣になり、閉店時間まで遊んでしまった。ビギナーズラックで賢三さんは3万円、私は1万円ほどゲットした。お菓子をかかえて老舗旅館に戻ったのだが、中居さんには絶対にパチンコ帰りだと気づかれていたと思う。

フランス人のお友だちと京都に来たときにはお座敷遊びもした。舞妓（まいこ）さんと「金（こん）

毘羅船舟(びらふねふね)」に興じるのがお決まりだ。賢三さんが負けてお猪口(ちょこ)のお酒を飲み干すと、「男前〜」と言われ、上機嫌になった。その後にお友だちも負けてしまってグイッと飲んだら、また「男前〜」と言われた。そこで「ねぇ、皆に男前と言ってるじゃない！」と、賢三さんがツッコミを入れた。さすがユーモアのセンスが抜群だ。関西の出身なので、こういうときにすかさずおもしろおかしいツッコミを入れるのだ。

〈大阪の旅〉

長時間の移動にはおやつが必須だ。新大阪駅で賢三さんの大好きな赤福を買い、新幹線のホームで待っていたときのことである。ふと、自分の携帯電話がないことに気づいて青ざめた。もしかしたら、赤福を買ったときに忘れてしまったのかも……。出発まで5分を切っていたが、「取りにいってきます！」と階段を転がるように駆け降りてお土産屋に戻った。あった！　そして、またまた猛ダッシュでホームへと駆け上る。どこでもいいから開いているドアに何とか滑り込んだ。

後から聞いたら、賢三さんは不安そうにホームから階段の下をのぞいて、急にいなくなった私の帰りをギリギリまで待っていたのだそう。その姿が「母親を探す子どものようだった」と、一緒にいたスタッフに言われた。

汗だくのボロボロの姿で、車両を移動して賢三さんの席に辿り着くと、「鈴木さん、走るの早いね。まだまだ走れるね～」と、ニコニコした顔で何だかうれしそうだ。そして「鈴木さんも食べる?」と、赤福を差し出した。まだ息が上がっていて、食べられる状況ではないのに。

大阪の道頓堀のグリコの看板前

〈奈良の旅〉

フランスのお友だちを連れて奈良を旅行したときのこと。ランチの時間がすぎてしまい、どのレストランも閉まっていて困ったことがあった。唯一見つかったのが、誰もが知っている中華のチェーン店だった。皆お腹が空いている。少し躊躇したが、賢三さんに提案をすると、「餃子、いいね！」と乗り気だった。夜にはお気に入りのレストランを予約してあるので、「あまり食べ過ぎないでくださいね」とお願いした。でも、そんな忠告をよそに、皆がどんどん注文してしまう。もくもく食べて、会計の安さに皆、目が点になって驚いたが、満足してくれたのでホッとした。

のちに、私の友人にその話をしたら、「あなただけよ。チェーン店に世界の賢三ご一行をお連れするのは……」と言われてしまった。

〈鎌倉の旅〉

賢三さんと長年ＫＥＮＺＯのコレクションで一緒に仕事をされていた、株式会社ＳＵＮデザイン研究所の大出一博代表が「賢三さんを囲む会」を開いてくれることになった。そして、開催場所の葉山文化園（株式会社ＳＵＮデザイン研究所の文化施

東京駅で買うお弁当はいつもうきうき

奈良でランチを食べ損ねて、大手中華チェーン店に。でも皆さんご満悦

奈良でのオフショット

奈良。あまり動物が得意じゃないが、鹿におせんべいを上げた後のニコニコ顔の賢三さん

設）に向かう前に、まだゆっくりめぐったことがない鎌倉へと立ち寄ることになった。

大仏様の前で写真撮影をするとき、私が「皆でジャンプして撮りましょう」と提案してみると、誰よりも高く綺麗に飛んでいたのは賢三さんだった。身体能力の高さにはいつも驚かされた。

鶴岡八幡宮様は、源頼朝によって始められたと伝えられている「流鏑馬」の行事で有名だ。その道中、賢三さんが私に「ハヤブサってすごいよね！」と言う。私はすぐに「ヤブサメ」の間違いだと気づいたが、賢三さんがあまりにもピュアな瞳を輝かせているので、そのまま相槌を打つことにした。これも賢三語録の一つだ。

〈天橋立の虹〉

賢三さんが訪れる場所にはよく虹が出る。

２０１９年、京都で神社仏閣めぐりをした次の日に、天橋立に行くことになった。天にいらしたイザナギ様が地上のイザナミ様に会うために、天と地をつなぐ虹の橋をかけた地である。その懸け橋を渡ってイザナギ様が降りてこられた、という神話を聞いたことがある。

株式会社SUNデザイン研究所 代表取締役会長／ファッションプロデューサー大出一博氏と

鎌倉の大仏前で、ジャンプ。一番綺麗に美しく飛べているのは 実は賢三さん

鎌倉でのショット

鎌倉の大仏様を賢三さんと筆者の手の上に

鎌倉で、大好きなおみくじを引いて

天橋立に虹がかかっていたのを賢三さんが発見

賢三さんが、訪れるところにはいつも虹が

そんな話をしながら向かっていた道中、「僕が行くから、きっと虹が見れますよ」と話す賢三さん。同行していた皆が「まさか〜っ」と笑っていた。現地に着いて神社にお参りし、天橋立が見下ろせる展望所に上がっていくとき、賢三さんの顔がパッと明るくなった。「ほらほら、出てるじゃない！」と。振り返ると、本当に大きな虹が

出ていたのだ。息を飲むような光景に、皆で歓声を上げた。

令和元年に行なわれた天皇陛下の即位礼正殿の儀の際、雨が止んで青空が顔をのぞかせ、虹が現れたことは記憶に新しい。そんな、不思議だけど何かの運命のようなミラクルを何度も経験した私は、賢三さんは神様にお仕えされていらした方だったのではないか、と思っている。

〈日本地図を塗りつぶそう会〉

賢三さんの公私ともに友人である宮内正喜さん（フジ・メディア・ホールディング

日本地図を塗りつぶそう会発足メンバー

ス／フジテレビジョン代表取締役会長）ご夫妻とは、東京でよく夕食をご一緒した。

とある夕食の際、ご夫妻と旅の話をしながら、賢三さんは「日本の伝統文化をもっと知りたい」「行ったことのない地を訪れたい」と、思いを語った。そこで宮内さんが、「じゃあ、真っ白の日本地図に訪れたところを塗りつぶしていく計画を立てましょう！」と提案されて、「日本地図を塗りつぶそう会」が発足した。

実際にはすべて塗りつぶす前に天へと旅立ってしまったが、今頃きっと日本中を自由に訪れていることだと思う。

Chapitre

15

賢三@東京

東京での一人小旅行

賢三さんが東京に滞在するとき、たまに「今日は一日ホテルでゆっくりするから」と言ってくれることもあった。私が毎日、身の回りのことをしているので、「たまには休んでください」というやさしい気遣いだ。

でも、お休みをもらっているにもかかわらず、私は「賢三さん、今何してるのかな？」「ランチは食べたかな？」「夜はどうするのだろう？」と、つい親のような気持ちで考えをめぐらせてしまう。心配で気持ちが落ち着かないのだ。

なので、電話をしてみて、「お昼ご飯は食べましたか？」と聞いてみた。すると、私が予想していたとおり、コンビニでおにぎりを買って食べたという。「日本のおにぎりって、本当にクオリティが高いよね。美味しい」とお気に入りなのだ。開け方はいつも我流で、パリパリ海苔（のり）がボロボロになってしまうのだけれど……。

それからしつこく夕方に連絡して、「午後は何していたのですか？」と尋ねると、「電車で新宿まで行ってみた」と、意外な答えが返ってきた。嘘（うそ）〜！　いつも車移動なので乗り方とかわかったのかな、と気になって聞くと、賢三さんは「日本語しゃべれるからね」と、またまたお茶目な答えが返ってきた。たまに一人で冒険するのも楽しそうだった。

ホテルでのすごし方

普段の賢三さんのホテルでのくつろぎ方には、ルーティーンがある。

時差の関係で早起きしてしまうので、早朝にジムで泳ぎ、それから朝食の和定食を食べる。部屋では朝のワイドショー番組を見て、新聞や週刊誌も欠かせない。「日本語だからわかりやすい」と、何でも見て吸収するので、誰よりも芸能やスポーツのニュース、経済のことに詳しかった。

夕食の後は、ホテルでお風呂に入って疲れをとり、そしてマッサージを頼む。少し時間があるときには、私が指圧でほぐすこともあった。私は肩こりがひどく、いろいろな指圧の先生に診てもらっているのでツボをわかっているので、「鈴木さんの指圧、うまいよね」と、賢三さんはよく誉めてくれた。

ある日、賢三さんと夕食をとりながら、「この後のマッサージは何時にしましょうか？」と聞くと、「11時半くらいかなあ」と返事。すかさず同席していたスタッフが、「じゃぁ、鈴木三月さんご指名で１２０分でよいですか？」と振ると、賢三さんも「じゃ、90分で」とジョークに乗っかり、爆笑する。

ホテルでお風呂に入っているときにも、楽しくておかしいエピソードがある。「鈴木さ～ん」と、バスルームにいる賢三さんから呼ばれて、何かあったのか、と私は心配になり、「どうしました？ 入りますよ？」とお風呂場のドアを少し開けると、「それ取ってもらえる？」と、呑気に言われた。ホッとしつつ、ふと賢三さんの顔を見たら、シャンプーキャップに美容マスクの姿。一瞬驚いたが、お肌がつるつるの理由がわかった気がした。

賢三さんがお風呂に入ったと思ったら、すぐにバスタオルを腰に巻いて出てきてびっくりしたこともある。びしょびしょのまま、「パンツ忘れた！」と言う。「早く戻って身体温めてください。風邪引いちゃいますから」と、私は慌てて下着を渡した。

お風呂にはこんなエピソードもある。12月の冬至の日に、ホテルの方が柚子を用意してくれた。食事の後に柚子湯に入れるよう、網の袋に入れてバスタブの横に置いておいた。

ディナーを終えてホテルまで賢三さんをお見送りをすると、部屋に着いた賢三さんから電話があった。「用意してくれた柚子がないんだよね」と言う。ホテルに連絡してみると、もうお風呂に入ったと勘違いして、捨ててしまったとのことだ。申し訳な

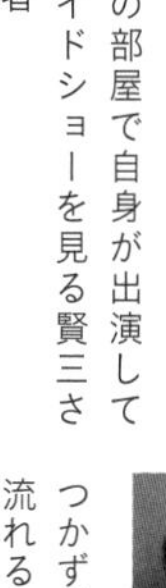

ホテルの部屋で自身が出演しているワイドショーを見る賢三さんと筆者

つかず離れずゆったりとした時間が流れる

夕食の前のマッサージ。いつもこんな感じだった

いけどもう一度、柚子を用意してもらった。

賢三さんは、季節ごとの習わしを大事にする。占いも風水も好きで、決められたことをやらないと気持ちが落ち着かない。たかが柚子、されど柚子なのだ。

ホテルの部屋では、賢三さんは、出演するテレビ番組のオンエアを見る。「あっ！あと数分で、昨日の取材が流れますよ」と、私は賢三さんに時間を伝えた。放映中、賢三さんは真剣な眼差しで自身の姿をチェックする。身なりや話し方、映り方など。「自分自身に厳しいので、それが美の秘訣なのかな？」と、私は思っていた。「賢三さん、画面を通しても美しいですね」と話しかけると、私の肩を叩きペロッと舌を出して、恥ずかしそうにはにかんだ。その表情が愛おしい。

寒がり具合と体調のバロメーター

賢三さんは、とても寒がりで、いつもびっくりするほど着込んでいた。「僕、繊細だからね」と賢三さんが言い、「殿ですからね」と私が返していた。必需品は「ユニクロ（UNIQLO）」のヒートテックで、真夏以外はいつも着ていていた。私が買ってくることもあれば、自身でユニクロの店舗に買いにいくこともあった。

ネックウエアや足首用のレッグウォーマーも必須だった。ネットで注文して何着か渡したときには、「これは移動時、そしてこれは寝るときに着けようかな」と言う。そう、寝るときにもレッグウォーマーは欠かせないのだ。普段の見た目はスマートになるよう、スーツの下にも目立たないように工夫して着込んでいた。重ね着の達人だ。

寒がりで繊細な賢三さんの体調管理は難しい。

ある夏の日のこと、「昨晩は寒くて寝れなかったんだよね」と、賢三さんが言うので、ホテルの人に頼んで羽毛布団を二重にしてもらったことがある。でも次の日、「昨日は暑すぎて寝れなかったよ。汗でびしょびしょ」と言われた。

「何かぞくぞくってする」のひと言が、体調を崩してしまう合図のようなものなので、私は賢三さんが寒そうにしていると、注意をしている。

ある春先に「今日はちょっと暑いね」と、寒がりの賢三さんがめずらしいことを言ったことがある。「今、何枚着ていますか？」と尋ねると、「ヒートテックに、綿のTシャツ、その上にジョンスメドレー（John Smedley）のポロ、ニットのベスト、あとプラダの中綿入りジャケットかな」と答える。何と、計5枚も重ね着している！それは北国の装いで、「絶対に着すぎです。一枚脱いでください」と言い、汗をかいて逆に寒くなってしまっては大変だと慌てたことがあった。それから、私はいつも自分のカバンの中に賢三さんの着替えをしのばせていた。

また、賢三さんはクーラーが苦手だ。タクシーで移動するときは、蒸し暑い日でも「冷房を止めてもらえますか？」と、運転手さんにお願いする。しばらくすると、車内は熱気ムンムンになる。窓を開ければ涼しいが、賢三さんは風も苦手なのである。運転手さんは猛烈な汗をかき、まるで我慢大会のようになってしまう。私は、その汗を指さしながら、「賢三さん、少しだけクーラー入れましょう！」と提案すると、「あっ！　そうだね」と賢三さんは冷房を了承してくれる。私たちスタッフはこうなることをわかっているので、暖かい時期はかなり薄着なのである。

2020年の夏のある日、パリからの電話で「なんだか寒くて」と話していたので心配すると、「シャーベットを毎日食べているから、そのせいかな？」と言われて、それは違うのでは？　と脱力した。

賢三さんは自分から「疲れた」と言うことは少なかったので、私はいつも気にかけて行動していた。

その一つのバロメーターは、食事中に目で私に語ることだ。そして、本当に疲れたときには靴底をすって歩くことだ。もっとひどくなると、首に巻いていたはずのストールを地べたに引きずって歩くこともあった。賢三さんには申し訳ないが、その姿は少年のように可愛らしいと思っていた。

都内での移動

賢三さんは車で移動中、「あれは何の建物？」「あの山は何？」など、たくさんの質問をしてくる。本当に何にでも興味があって、好奇心の塊なのだ。

しかし、東京の建物はどんどん新しくなっていくので、私もすべて知っているわけではない。不意打ちで質問がくるので、「多分、森ビルです」「中央アルプスです」と、私もスタッフも適当に答えてしまったことがある。賢三さんはきっと、腑に落ちないモヤモヤした表情をしていたと思う。ちゃんと勉強しておきます、と反省の想い

春の東京駅。他は大分軽装だけど、私たちは厚着。賢三さんは、チャウチャウ犬みたいにもっこもこ

新幹線に乗る前の写真

を込める。

新幹線での移動では、賢三さんは改札の前で、だいたいの頻度でチケットの在処がわからなくなり、ポケットをあちこち探す。なので、チケットは私が預かってようにしているのだが、チケットをその場で渡しても、なぜか改札機が開かずに止められてしまう。おそらく入れる枚数が間違っているのだ。ときには猪突猛進（ちょとつもうしん）で無理やり通ってしまったりと、改札機とは相性がよくないようだ。

ちなみに賢三さんは、新幹線のことをいつも「汽車」と言っていた。エスプレッソは「エクスプレッソ」と言ったり、惜しい！　という間違いがいつも微笑ましい。

新幹線での移動時は、ホームに強風が吹き込むことがある。先にもお話ししたように、賢三さんは風が苦手である。春先でもランバンの膝まであるコートを着て、チャックを首まで絞め、フードをかぶって万全な状態でホームにのぞむ。そのときに一緒に写真を撮ったのだが、まわりの人はTシャツ姿なのに、賢三さんだけはゆきんこのように着膨れていて、季節感がバグっているようでおかしかった。

でも、私はまわりの目を気にしない。賢三さんが風邪を引かないようにするのが、私の使命なのだから。

普段の装い

賢三さんは、いくつ年を重ねても若々しい体躯（たいく）で誰よりも姿勢がよく、クラシックスタイルがよく似合っていた。

スーツは「サンローラン（SAINT LAURENT）」が多かったが、以前は細身の

「ディオール・オム（DIOR HOMME）」を着ていたこともあった。喉を痛めやすく、暖かい時期でも上着が手放せないので、「プラダ（PRADA）」の中綿入りジャケットは同じ形のものを数枚持っていた。「ランバン（LANVIN）」の腰下まであるダウンも大のお気に入りだった。大判の軽くて暖かいストールは何色も持っていて、色の組み合わせを楽しんでいた。

移動の際は、ジャケットやコートの下はスウェットの上下という、驚くほどカジュアルな装いのときもあった。リラックスできるので「移動にはこれがいちばんだね」とお気に入りだった。その姿が、意外にも格好いいのだ。スウェットもおしゃれに着こなしてしまうなんて、さすがだなあ、といつも感心していた。

足元は、「プラダ」のブーツやスニーカー（賢三さんは「運動靴」と呼ぶ）、移動の多い日には「ナイキ（NIKE）」を履く。賢三さんはもともと背が高いのだが、「もっと背が高かったら…」という思いをいだいていた。なので、靴の中に通常よりも厚いインソールを忍ばせることもあった。これは賢三さんなりの、モチベーションアップの方法の一つだ。

お気に入りの綿入りコート

ジョンスメドレーは、20年近くお気に入りのポロ

たまにはベルトでハードにロックンロール

たまには渋谷にも。昔、ガングロにも会いにきた

春は爽やかに。賢三さんが六本木に住んでいた頃の家の近くで撮影

たまに気分を変えて、「クロムハーツ（CHROME HEARTS）」のブレスレットやベルト、レザーパンツなどの少し尖った装いの日もある。「ロックンロールだね〜っ」と、コーディネートを楽しんでいた姿が懐かしい。時計は「カルティエ」や、カール・ラガーフェルド（Karl Lagerfeld）さんからいただいたという、「シャネル（CHANEL）」の時計を大切にしていた。

装いの仕上げは香水だ。賢三さんがアメリカの企業とコラボレートして制作したオードトワレを愛用していた。今その香りを嗅ぐだけで、私は賢三さんがすぐそこにいるような気がする。

買い物が大好き

東京での滞在中は、少しでも時間があれば買い物に行った。「ちょっと行こうか？」と、伊勢丹新宿店メンズ館や松屋銀座に立ち寄る。「ヨウジヤマモト」や「コム デ ギャルソン」など、日本のデザイナーズブランドのお店にもよく行っていた。パリにも出店しているブランドも多いが、日本ではサイズが合うアイテムの取り扱いが多いのだそうだ。

私が所用で立ち会えずスタッフが買い物に同行したとき、「これどうかな?」と胸に当てたTシャツに、「Yohji Yamamoto」と大きなロゴがプリントされていたらしい。スタッフは「賢三さんがYohjiと書いてある服を着るって、大丈夫ですかね…」と困惑したそうだ。デザインや質を重視して、「よい」と思ったものを迷わず購入するのが賢三さん流なのだ。

結局その日に買ったのはアクセサリーだったそうだ。元「クロムハーツ」のデザイナーが新しく立ち上げたブランドで、ネックレスが気に入ったそう。「鈴木さんに怒

お買い物は大好き。でも、買いすぎないように傍でチェック

られないかな？　と言いながら買いました」と報告があった。

怒ったことなど一度もないはずなので、思わず笑ってしまった。でも「同じようなものを持ってますよね。着てないからやめましょう」とか、「絶対に着ないと思います。こっちのほうがよいですよ」と、言ったりすることはあったかもしれないが。

そのネックレスはとても素敵だったのだが、着け方がややこしいのが気がかりだった。結果的に旅先でバラバラに壊れてしまったので、私の感は案外正しかったのかも、と思っている。

Chapitre 16

お人柄

丁寧なお辞儀

賢三さんが謙虚で気遣いの人であることは、お辞儀の姿にも現れている。

賢三さんは、人と会うときにはいつも深々とお辞儀をしていた。相手がどんな年齢でどんな地位の方でも態度を変えることはなく、深く頭を下げるのだ。初めて会う方が皆、その丁寧さに驚いてしまうほどだった。

あるとき、スタイリストの前田みのるさんと女優の久本雅美さんのお二人と食事の約束をしていて、30分ほど到着が遅れてしまったことがある。遅れる旨は連絡済だったのだが、賢三さんは車から降りた瞬間にダッシュしてみのるさんと雅美さんのところに走り寄り、「本当に遅くなりお待たせしてごめんなさい」と、深々と頭を下げてお詫びをしていた。その後はとても楽しい席となったのを覚えている。

のちに雅美さんがテレビ番組で、賢三さんとのお食事の際のお辞儀のことをお話されていて、「賢三さんは本当に謙虚な方」とご紹介くださった。

こんなこともあった。賢三さんがご兄弟と旅行で箱根を訪れたとき、近くに住んでいる私の母が「ぜひご挨拶がしたい」と言うので、ホテルまで一緒にお迎えに上がったことがある。ロビーで私の母を見つけるなり、賢三さんはさっと立ち上がり、「いつも本当にお世話になっております！」と深々とお辞儀をした。「いえいえ、そんなそんな、こちらこそ！」二人で何度も何度も、お辞儀が止まらない。そんな人柄だから誰からも愛され、尊敬されていたのだと思う。

みのるさんと雅美さんとの食事。待ち合わせ時間に大分遅れてしまったけど、楽しいひとときをすごした

筆者の母と箱根強羅花壇で

母のお願いを聞いてくれて、サイン。芍薬の花もそえてくれた

私の家族とのつきあい

先ほどは私の母との交流を紹介したが、賢三さんと私の家族のつきあいにはこんな話もある。

私の娘がまだ小さい頃、たまたま娘の誕生日だったので、賢三さんに「もしできたら娘にメッセージをもらえますか?」とお願いすると、「今日お誕生日なんですか⁉なのにお仕事でごめんなさい。もちろん!」と快く引き受けてくれて、動画でメッセージを撮影させてもらうことになった。

一回だけ練習をしてから、携帯のカメラをオンして、賢三さんに話してもらう。「みほちゃん! お誕生日おめでとう」……あ〜、いちばん肝心な名前を間違っちゃった! 間髪入れず私が「みおです」と言い直すと、笑って崩れ落ちた賢三さん。テイク2は名前を間違えずに素敵なメッセージとなり、娘に送ったら大喜びしていた。その動画は、今も娘が大切に保存している。ある意味、娘が私のお腹にいるときから賢三さんと一緒に旅行に行ったりしていたので、娘は賢三さんのことをとても身近な存在に感じ、賢三さんも娘のことを気にかけてくれた関係だったと思う。

私の主人とは、数回だけ顔を合わせたことがあるが、ほんの少しの時間だったので、賢三さんの中で印象は薄かったと思う。あるとき、賢三さんとも縁がある会社（その会社に主人も務めていた）の周年パーティーがあり、出席することになった。先に会場に入っていた主人が入口まで迎えにきて、「ご無沙汰いたしております。こちらへどうぞ」とご案内した。でも、エスカレーターに乗った瞬間に、賢三さんは前に立っている主人のことを「彼は誰だっけ？」と小声で私に聞いてくる。「私の夫です…」と伝えると、「あ〜！」とまたまた崩れ落ち、私も思わず吹き出してしまった。

筆者の娘が小さいとき。いつもこうやって抱っこしてくれたやさしい賢三さん

筆者の娘と2017年のレセプションで。多分身内の感覚なんだろうな

誕生日 おめでとう！
いよいよ 第二の青春です
おたがいに 若さと美貌、知性と教養で がんばりましょう
賢三

筆者にもいつもこんなメッセージをくれる。

誤解のないように申しておきたいが、賢三さんはもともと記憶力がずば抜けて高い。たとえお酒が入っているときでも話をしたことは忘れないし、特に数字に強い。過去のKENZOのコレクションの話をするときも、「あのときってぃつでしたっけ?」と聞くと、何年のどのシーズンで、モデルは誰、ショーでは何番目に出た服、などど、本当によく覚えていてスパッと返してくる。私の記憶違いだったときには「それは○○だよ」と訂正しつつ、「僕はまだボケてないですからね」とニヤリとした。本当にすごいなあ、といつも感心し、尊敬していた。

フランスでのちょっとしたトラブル

2008年頃、賢三さんから「今、警察なんだよね」という電話が入り、飛び上がるほど驚いたことがある。「え!? どうしたんですか!?」と尋ねると、車で一方通行を逆走してしまい、酒気帯びで事情聴取されているところだという。「日本でもニュースになるかもしれないから」と気にかけて連絡をしてくれたようだ。でも私は、まず賢三さんが無事かどうか心配でたまらなかった。

フランスの交通法規は日本とは異なり、ワインをグラス1杯程度の血中アルコール濃度であれば違反にはならないらしい。賢三さんはその日、友人宅で少しだけ飲んでしまったとのことだ。それにパリは一方通行がとても多く、住み慣れていても間違いやすい。

案の定、日仏のメディアのニュースに流れたが、幸いにも事故を起こしたわけではなかったので、すぐに釈放されて安堵した。

自分が大変だったはずなのに、こちらを気にかけてくれた賢三さんのやさしさと器の大きさを私は感じる。そして、私にパリから電話をくれたのは、少し助けを求めていたのかもしれない。

パンフレットと同じポーズ

行定勲監督と熊本を一緒に旅したときに、映画「ナラタージュ」の撮影エピソードを聞いた。主演の松本潤さんの目力が強いので、「目力を40%くらいにしてほしい」とお願いしたのだそうだ。すると彼は自身を封印し、役にのめり込んでくれた、とのことだ。

後日、そんな話を思い出しながら、賢三さんと「ナラタージュ」を見に行った。とても素晴らしい作品で、持ち帰ったパンフレットを見ながら余韻に浸っていると、「賢三さんと三月さん、ここにこうやって立ってみてください」と同行したスタッフが言い出した。松本潤さんの役を賢三さん（目力は40％に抑えて）、共演の有村架純さんの役は私がやることに…。パンフレットの表紙と同じポーズを決めてパチリと

行定監督のナラタージュのポスター

行定監督が松本潤さんに「目力を40％にして」とお願いしたことを賢三さんに伝え、上記のポスターのように目力を抑え撮影

撮って、その写真をすぐに行定監督に送ったら、賢三さんの表現力を絶賛していただいた。

同行したスタッフの言葉で、このようなこともやってくれる、賢三さんのサービス精神の一面である。

「僕に仕事を与えてください」

Chapitre6の「アテネオリンピックのデザイン」でもお話ししたが、賢三さんは、一人でお話をされることがあまり得意ではなかった。なので、講演会などはなるべくお断りしたいのが本音であった。でも、皆様の要望にお応えしたいのもまた本音であり、どなたかと一緒のトークセッションや、司会役を立ててもらったりと、一人ではない形式でお受けしていた。

海外でのトークショーも数回経験がある。私がリード役を担い、賢三さんの気持ちを前向きになるように持っていくことで、安心していただけたと思う。私が下書きの原稿を書き、読みやすいように二人で添削することも多々あった。

テレビ出演のときも同じで、控室では何度も何度も練習した。私がインタビュアー役で質問を投げかけたり、言い忘れている部分をつけ足したりと、二人で綿密な打ち合わせとリハーサルを行う。賢三さんは真面目なので、少しでも納得がいかないと「もう一回いい？」と何度も繰り返し、練習を重ねるのだ。

とあるイベントのディナーに参加しているとき、司会の方が来場者の名前を紹介し、その人にスポットライトが当たってお辞儀をするという場面があった。「丹下健三様」とアナウンスがあったとき、なぜか賢三さんが立ち上がり、暗がりでペコリとしているのを見て慌ててしまった。多分、隣の方とおしゃべりをしていたので、とっさに自分の名前だと勘違いしてしまったのだろう。幸いにもスポットライトは丹下さんのほうに当たっていたのでホッとした。その会に出席していた友人の松田光弘さんは「賢ちゃん、またやっちゃったね～」と言い、笑い話の一つとなった。

2018年に旧知の仲であるコシノジュンコさんの文化功労者顕彰のパーティーに出席したときは、ジュンコさんから「賢ちゃん、多分、挨拶は無理だろうから、乾杯だけ言ってね」と依頼があり、「本当に乾杯だけでいいなら」と引き受けることになった。でも、真面目な賢三さんは「やっぱり乾杯のひと言だけじゃまずいよね」と、コメントを用意することにした。

パーティーの序盤、乾杯のご発声としてステージに呼ばれた賢三さん。「ジュンコ、このたびはおめでとうございます」とまではよかったのだが、そこで口ごもってしまった。会場の誰かから「フランス語で話したら?」という声がした。いやいやそれ

ジュンコさんのパーティの写真（上 コシノジュンコさんと萬田久子さん）

は無理、となり、何とか気を取り直して話を続けた。

でも最後、「これからも僕に刺激を与えてください」と言うところを「これからも僕に仕事を与えてください」と言ってしまったのだ。笑いに包まれたが、そのひと言がきっかけで、会場が一気に和やかな雰囲気になったのは間違いない。

その日、ホテルに戻る時に賢三さんがつぶやいた。「あのとき、フランス語で話せば？　という声が聴こえて、とっさに『ボンジュール！』しか浮かばなかったよ」と。

このように、賢三さんはおもしろい思考回路なのである。いつも賢三さんのまわりは笑いが絶えず、楽しい時間をすごすことができた。

「賢三語録」

賢三さんは海外生活が長いこともあり、日本語を言い間違ってしまうことがたまにある。

賢三さんにとって、聞きなれない単語も多かったのだと思う。葛根湯はなぜか「コックントウ」になっていたし、セブンイレブンのことは「イレブンセブン」、有名なうどん店「つるとんたん」は「つるとんさん」など。

たまにクスッと笑ってしまうほど語呂よくまとまってしまうので、賢三さんは言い直さずにそのまま使ったりもしていた。

また、あるときは、ホテルの窓からヘリコプターを見つけて、「あれ、ドローン?」と聞いてきたこともある。

あるときはこんな言い間違いもあった。私の会社に印藤という女性スタッフがいて、賢三さんの仕事を担当してもらっていた。とある打ち合わせの際、賢三さんが私に、皆の前で「いんげんさんに確認してくれる?」と言ってしまったことがある。私の頭の中に、野菜のインゲンが浮かんでしまって、真面目な打ち合わせの最中に笑いを堪えるのに必死だった。

勘違いというより、もしかしてジョーク?　と疑うほどユニークな「賢三語録」が、いつも場を和ませた。

Chapitre 17

ショップチャンネル

「洋服を作る」という挑戦

私がパリに滞在していたとき、賢三さんに「私、洋服を作ってみようと思っています」と相談したことがある。

賢三さんは誰よりもおしゃれで、プライベートの装いはクラシックなファッションを好んだ。

ストールやベストの色、アクセサリーなど、その日の気分や場所に合わせてコーディネートしているのを、私は横でいつも見ていた。

そして、そのセンスを何かの形で広めたい、と思っていたのだ。「これから高齢化が進む中で、皆がファッションを楽しめる服を作ってみたい」と。

すると、賢三さんは「いいじゃないですか！　チャレンジ、チャレンジ！　ですよ」と、即答。「応援していますから、がんばってくださいね」と、背中を押してくれた。

その後、通販・テレビショッピングの「SHOP CHANNEL（ショップチャンネル）」で、私のブランドを展開することが決まった。

ブランド名は「Minimalize+plus（ミニマライズ＋プラス）」で、コンセプトは「そぎ落とした美に一つ何かを取り入れて服にしていく」だ。

それはまさしく、賢三さんのファッションからインスピレーションをいただいたものだ。

余談だが、この「SHOP CHANNEL」について、「賢三さん語録」がまたあった。

賢三さんはフランス住まいが長いので、テレビ通販の存在をよく知らず、私が番組名を伝えても聞き取りづらい様子で、電話越しに「ショックチャンネル？」と言ってきた。全然違うショッキングな番組に変わってしまったことに、私は思わず笑ってしまった。「ショックじゃなくてショップです。SHOP CHANNELです」と答えた。

「SHOP CHANNEL」は、24時間生放送で商品を紹介し販売していく番組である。

しかしコロナの影響を受けて、２０２０年初旬からは放映の枠を縮小していた。ブランドの立ち上げの準備も当初の予定より1カ月ほど遅れが出てしまったが、ようやくデビューが決定した。第1回目のオンエア日も決まった。

すぐ賢三さんに伝えたい！　と思い、電話で報告した。

すると「おめでとう！　がんばってくださいね」と喜んでくれて、「僕の名前もバンバン使っていいですから」と、やさしいエールもいただいた。

たしかに私の人生は〝髙田賢三〟なくしては語れない。ただ、あまりにも大きな存在なので、本当に私がお名前を使ってもよいのだろうか。

私が少し躊躇していると、「もちろんですよ！　でもね、たくさん売れて儲かったらお金をくださいね（笑）」とウィットに富んだ返事をくれる。明るい笑い声を聞いて、遠く離れていても力をくれた。

「SHOP CHANNEL」のオンエア中も、ブランドのデビューについて「賢三さんが背中を押してくれました」とお話するところ、私はつい「賢三さんが肩を押してくれました」と言い間違えてしまったが、それは今思うと、いつも私の肩をポンと叩いて励ましてくれる癖があった賢三さんが、実際にスタジオで私の傍にいてくれたからなのかなと、そんなふうに思ってしまった。

SHOP CHANNELで紹介している写真。賢三さんと筆者のつながりが感じられる

賢三さんが他界される前日に、初めてTVでＬＩＶＥのＯＮ ＡＩＲがあった（Photo by MASAO OKAMOTO）

無事終了。賢三さんが昏睡状態のとき精神的にがんばれたのは、きっと多分、賢三さんが傍にいてくれたから

Minimalize
+Plus

ブランド「Minimalize+plus」のロゴ

悲しい知らせ

9月中旬、賢三さんから電話があった。9月に入って体調を崩してから微熱が回復せず、入院することになったという。そして「検査をしたら新型コロナウイルスでした。僕も歳ですね」と言う。

有効なワクチンもまだなかった時期である。あんなに気をつけていたのに嘘でしょう？　と、一瞬で血の気が引くような感覚を覚えた。

何としてでも現地に飛んでいきたい。

なのに、その願いは厳しい渡航制限によって打ち砕かれ、祈るしかできない日々をすごすしかなかった。

でも入院から3日後に、「昨晩は久々に朝までゆっくり寝れて気持ちよかった。お医者さまに聞いたら、快復してきているそう。ほっとしました」というメッセージが届いて安心させてくれた。

しかし、それが、賢三さんと最後に交わした言葉になった。

毎日電話をしている中で、この日は微熱があると言っていた日。多分軽い風邪かな？と思っていた

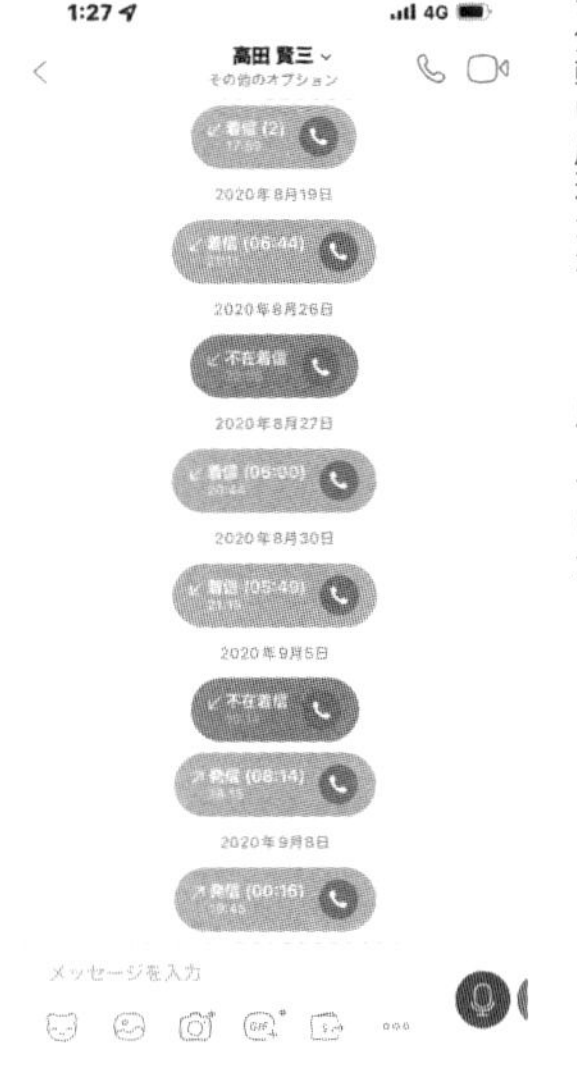

高田賢三　2020/09/11
宛先: 鈴木三月 >

Re: Colis

鈴木さん
この1週間程　調子が悪く寝ていましたが余りにも熱が高くて昨日から病院に担ぎ込まれました。

コロナだそうです。

色々気を付けていたのですが　やっぱり歳には勝てないですね。

4/5日の入院生活です！　高橋さんの件遅らせて貰うと嬉しいです。

賢三

Envoyé de mon iPhone

このメッセージを受けたとき身体が固まってしまった

2020年9月13日 19:12

鈴木さん
昨日1週間振りにぐつすりと熟睡しました。
気持ち頑張りいいですね！
お医者の報告では
回復にむかつているそうです。
ほつとしました！

このメッセージでホッとした

そして迎えた10月3日、私が出演する「SHOP CHANNEL」の本番当日。実はそのとき、「賢三さんの病状があまりよくない」という連絡が入っていた。胸騒ぎがしながらも、予定どおりスタジオ入りした。生まれて初めての生放送でかなり緊張していたが、不思議なことにある瞬間から温かさに包まれる感覚がして、落ち着くことができた。

賢三さんがいるようなオーラを感じたのだ。きっと今賢三さんはコロナと戦っている。私もがんばらなければ、と勇気づけられた。

番組を終えて、心の中で賢三さんに報告した。

「おかげさまで無事にブランドがデビューしました。今度は私が応援するので、早く治って帰ってきてくださいね」。

その声が届いたかどうかはわからない。願いは通じず、翌日の10月4日、賢三さんは旅立たれた。最後の最後まで、温かく人を思いやる愛を感じさせてくれた。

賢三さんの姉弟

賢三さんが逝去された後、姫路で追悼展を開く関係で、私は賢三さんのご姉弟と会う機会が増えた。お姉さまお二人と弟さんがお一人、賢三さんと同じくとても丁寧でやさしい方ばかりだ。

賢三さんは姉弟想いだったので、一年に一回は必ず姉弟旅行に誘っていた。「姉たちは歳だから、行きやすいところがよいね」と、気遣っていたことを思い出す。弟さんは、賢三さんによく似ているところがある。指や爪の形が瓜二つだ。特に笑い方がそっくりだ。

お姉さまたちは、賢三さんのことを「けんぼん」と呼んで慕っていた。亡くなったときには寂しさを隠せなかったと思う。その心境を察して、お話ししていると自然と涙が溢れてくる。

Epilogue　パリは息子の死を悼む

世界的デザイナー髙田賢三が死去――

訃報はすぐに世界中を駆けめぐった。

フランスのマクロン大統領夫妻は「私たちに色彩と自由をもたらした」と称え、哀悼の意を表した。

パリのアンヌ・イダルゴ市長は「悲しみは計り知れない。何と才能のあるクリエイターだったことか。彼はファッションにおいて色と光に居場所を与えた。パリの街は今日、私たちの息子の死を悼んでいる。彼の家族や親しい人々、そして彼を愛したすべての人に思いを寄せている」と追悼した。

フランス・パリに愛され、本当に多くの人に愛されていたのだ。そして深い悲しみに暮れた。

葬儀はパリのペール・ラシェーズ墓地にて行われた。コロナ禍の渡航制限により、ご家族さえも現地に飛んで参列することが叶わず、日本から手を合わせた。賢三さんはきっと、先に逝ってしまったグザヴィエさんや敦子さん、友人の皆様と、楽しくデザインの話に花を咲かせていることだろう。

無言の帰国

ご遺骨が日本に戻ってきたのは、三回忌を目前に控えた2022年9月。Marcyがパリから持ち帰ってくれることになり、私は車で羽田国際空港に向かった。水や栄養ドリンク、賢三さんの好きなものをバッグやポケットに用意して待っていた到着ロビー。ラゲージを引きながら笑顔で出てくる姿はもうない。

現実と対面したら泣き崩れてしまうかもしれないと不安だったが、思っていたよりも心穏やかにそのときが来た。Marcyの姿を見つけて挨拶をし、その手に大事にかかえられていたご遺骨の包みに向かって「おかえりなさい」と声をかける。そしていつも賢三さんが座る車の後部座席にご遺骨を置き、羽田を後にした。

パリで賢三さんを看取った、K三の起ち上げのマネージング・パートナーのＪＯＥ（Jonathan Bouchet Manheim）の提案により、親しい方々に声をかけてささやかなお別れ会を開催した。亡き賢三さんを偲び、和やかな雰囲気の会となった。この席のどこかに本人が座っていて、楽しそうな笑い声が聞こえてくるんじゃないか、と錯覚するほど。きっと賢三さんも喜んでくれたと思う。

賢三さんが亡くなった翌年の２０２１年、賢三さんはその功績を讃えられ、毎日新

待っても待っても賢三さんの姿はなかった

聞社の主催する「毎日ファッション大賞」のファッション文化特別賞を受賞した。

毎日新聞社とはおつきあいが長く、１９８２年に創刊１１０周年記念イベントとして「ＩＳＳＥＹ＋ＫＥＮＺＯ」ジョイントショーを開催した翌年の１９８３年に創設された「毎日ファッション大賞」では、第３回の大賞を受賞している。

授賞式では本人に代わって私が挨拶をすることになった。１９９９年10月にＫＥＮＺＯブランドとしての最後のショーで流した音楽とともに、過去のさまざまな映像を流した後に登壇した。

亡くなる前に話していたことを皆様にお伝えし、そして最後に賢三さんの写真に向かって、「おめでとうございます！」と声をかける形で終えようと思っていた。でも、さまざまなことが次々に思い出され、最後は声にならないくらいに胸が熱くなった。

また、２０２１年、賢三さんは姫路市より名誉市民の称号も受けた。

賢三さんは今、市が管理する故郷姫路・名古山霊苑（れいえん）にある名誉えい地で、ご遺族により建てられたお墓に眠られている。

賢三さんのご功績をこれからも広く伝えていくことが、筆者の使命だと感じている

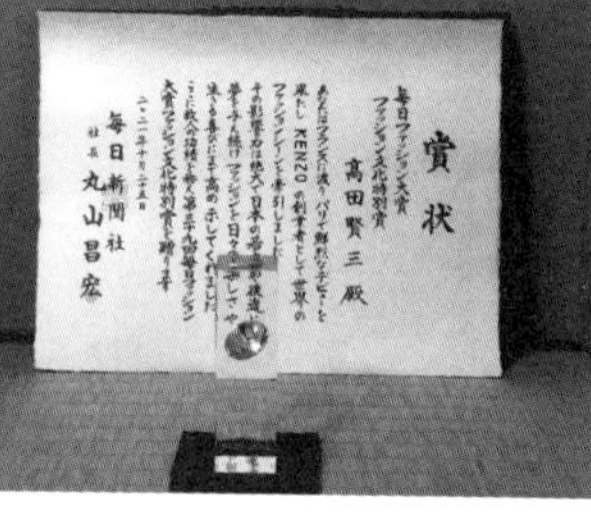

毎日ファッション大賞の特別賞を2021年に受賞

姫路市より名誉市民賞を2021年に受賞

やっと戻ってこられましたね、賢三さん。合掌。

永遠になった〝夢追い人〟の賢三さんへ

写真の中で、賢三さんはいつも笑っている。毎朝手を合わせるとき、胸が絞めつけられるような思いがやってくる。

謙虚でまっすぐ、類まれな行動力は「夢追い人」そのもの。でもその素顔は、やさしくてお茶目、人を楽しませるのが大好きで、皆に愛されていた。

この10年間くらい、私は、賢三さんと〝阿吽（あうん）の呼吸〟で会話することができるようになれたと感じていた。どんなときでも、声のトーンや言葉で、こうしたいんだなぁとわかった。「今日はあれ食べない？」と言われたら、「あそこのおでんですね！」とか「どこそこのカレー…」とか返すと「そうそう！」という具合に。スタッフからは「よくあれでわかりますね」と言われていた。

賢三さんはフランス語では伝わらない日本語ならではの繊細な表現を伝えたいとき私によく電話をかけてきて、「鈴木さん、どう思います？　僕はこう思うんだけど…」と聞いてくることがあった。そして、私が日本語で「こういうニュアンスということですよね？」と伝えると、「だよね」と、すっきりしたように納得していた。私に話すことで、気持ちの中のモヤモヤをすっきりさせ、心のバランスを取っていたのかもしれない。

とある取材で「賢三さんにとって、鈴木さんはどんな存在ですか？」と聞かれたとき、「母でもあり、姉でもあり、友だち……いや飲み友だちかな」と、笑顔で答えていた光景を思い出す。（え～！　年上!?）と心の中で思いながら、賢三さんに少し近づけた気がしてうれしかったものだ。

電話がないことや話ができないことが、こんなにもつらいのかと感じている。でも、賢三さんは美しいまま、皆様の心の中で生き続けているはずだ。そして今も、私たちには見えない世界でアーティストとしてデザイナーとして活躍していることだと思う。

いつも賢三さんが夢に出てきてくれる。スーツ姿だったり、シルクシフォンや鮮やかなカラーのシャツを着たりして、いつも格好よく現れるのだ。フランス流にハグの挨拶をすると、その体温が伝わってくることもある。あるときは、「バカンスから戻ってきたよ」と、真っ黒に日焼けした姿だったことも。

いつも「恋がしたい」と言っていた賢三さん。もしパートナーと婚約されたなら、私が会見のお手伝いをするつもりだった。それができなかったことはとても残念だ。「華やかじゃなければ人生じゃない」と、賢三さんは言っていた。賢三さんは私の中で永遠のミューズである。ずっと私の心の中で生き続けている。

いつまでも賢三さんへのオマージュは忘れずに、これからも賢三さんについていくと決めている。

逢(あ)えないけれど、魂は生きているはず。そして、これからもずっと一緒にいたい。

私たちの守り神になって、天国からいつも私たちのことを見守っていてください。

そしてまた、夢で逢えたら……。

@Masaru MIZUSHIMA

I love kenzo forever.

謝辞

この書籍のお話をいただき、賢三さんと過ごした日々を——そして、たくさんの想い出がつまった日々を——改めて綴らせていただいたことに心から感謝いたします。

賢三さんがご逝去されてすぐに、ファッションスナップ（FASHIONSNAP）さんからお話をいただき、賢三さんとの日々を連載させていただきました。そのときは、寂しさや悲しみが自身の気持ちの中で何重にも重なっているなか、私なりの精一杯の気持ちを文章に書き記したことを思い出します。

あれから2年と少しの月日が流れ、改めて自分が、やっと今の現実をしっかり受けとめ、賢三さんと向き合い、賢三さんの素晴らしい人生をこの書籍を通してお伝えできるようになったのではないか、と思っています。

日本と世界の懸け橋になった、賢三さんの行動力や夢に向かって突き進む強い気持ちや、何よりも人間味溢れる〝夢追い人〟だった〝世界の賢三〟さんの世界観をこの書籍から感じていただければうれしいです。

編集協力をいただきましたファッションスナップのディレクターの小湊千恵美さんには、感謝の気持ちでいっぱいです。そして、この書籍のお話をいただきました元講談社の渡辺圭さん、また書籍発売に向け編集を最後までお付き合いいただきました、時事通信社の出版事業部長の坂本建一郎さんと編集担当の天野里美さん、そしてご協力をいただきましたすべての皆様にこの場をお借りして、心からの感謝を込めて御礼を申し上げます。

そして、最後になりますが、高田賢三さんに心からの敬意を表します。

鈴木三月

年

1939年　0歳
1945年　6歳
1951年　12歳
1954年　15歳
1957年　18歳
1958年　19歳
1959年　20歳

高田賢三の出来事

姫路市に生まれる
姫路市立立野里小学校　入学
姫路市立広嶺中学校　入学
兵庫県立姫路西高等学校　入学
神戸市外国語大学　入学
文化服装学院　入学
文化服装学院デザイン科　進学。同期生に松田光弘、コシノジュンコ、金子功、後にパートナーとなる近藤淳子がいた

世界の出来事

パリ解放
終戦
「ひまわり」「それいゆ」創刊
美空ひばりデビュー
公定為替レート1ドル360円
サンフランシスコ講和条約調印
米国で初の商業カラーテレビ放送開始
映画「巴里の空の下セーヌは流れる」上映
黒澤明監督「羅生門」ベネチアで金獅子賞（グランプリ）
オードリー・ヘップバーン「ローマの休日」上映
「君の名は」上映
文化服装学院創立30周年
プレスリー「ザッツ・オールライト・ママ」大ヒット
ミュージカル「マイ・フェア・レディ」上演
コカ・コーラ日本上陸
長嶋茂雄氏デビュー
東京タワー完成
家電ブームTV・洗濯機・冷蔵庫「新三種の神器」
今上天皇・皇后両陛下ご成婚
小澤征爾氏　国際指揮者コンクール1位受賞

年	年齢	出来事	社会の出来事
1960年	21歳	第8回装苑賞 受賞	
1961年	22歳	文化服装学院デザイン科 卒業 既製服メーカー ミクラに就職、その後、三愛(銀座)に入社	ユリ・ガガーリン世界初の宇宙飛行 イヴ・サンローラン独立後初のショー開催 手塚治虫「鉄腕アトム」TV放映開始
1964年	25歳	11月 フランス郵船カンボジア号に乗船、大晦日にマルセイユ着	東京オリンピック開催 新幹線 東京・大阪間開通
1965年	25歳	1月1日、マルセイユよりパリに到着	
			ビートルズ来日 武道館コンサート開催 ミニの女王ツイッギー来日 パリ五月革命 アポロ11号月面着陸
1970年	31歳	パリ ギャルリ・ヴィヴィエンヌにブティック「ジャングル・ジャップ」をOPEN。パリで初コレクション発表 初コレクションが『ELLE』の表紙を飾る 9月 パサージュ・ショワズールにブティック移転	日本万博博覧会、大阪にて開催 ビートルズ解散
1971年	32歳	西武百貨店と文化服装学院の招聘で、西武百貨店渋谷店および文化服装学院講堂にて、日本初のショーを開催 パリの伝統的オートクチュールに対し、自由で楽しいコレクションが評判を呼び世界的な名声を得る	マクドナルド日本1号店開店
1972年	33歳	シェルシュ・ミディ通り(セーヌ左岸)にブティックをオープン 第16回日本エディターズクラブ「FEC賞」 受賞 ドロテビス、シャンタルトーマスたちとのジョイントショーをサル・ワグラムで開催	沖縄返還 ベトナム戦争終結 和平協定調印 第一次オイルショック
1975年	36歳	SUNデザイン研究所主催 日大講堂にて「ケンゾーショー」凱旋	

年	年齢	事項	社会
		ショーを開催。京都ホテルでも開催（パリよりモデルとともに賢三氏来日）	
1976年	37歳	プラス・デ・ヴィクトワール（ヴィクトワール広場）にブティックとアトリエを結集	
1978年	39歳	資生堂主催「メロウな世界・メロウな色」日本武道館で'78S／S「ケンゾーショー」開催。大阪・福岡・名古屋・札幌・仙台でも開催 香水「キンコング」発表	ウォークマン全世界大ヒット
1979年	40歳	ソル・ファポレにてオペラ「Der Zeitlauf」の衣裳を手がける	英チャールズ皇太子とダイアナ妃ご成婚 仏TGV運行開始
1980年	41歳	映画「夢・夢のあと」で初監督	
1982年	43歳	毎日新聞社主催'82／'83A／W「ISSEY＋KENZO」ジョイントショーを品川プリンスホテル　ゴールドホール、大阪ロイヤルホテルで開催	スティーヴン・スピルバーグ監督「E.T.」全世界大ヒット
1983年	44歳	フランス メゾン・ラフィット城を借り切り、ファッションショー開催　メンズコレクション発表	
1984年	45歳	フランス政府より国家功労勲章「シュバリエ・ド・ロルドル・デザール・エ・レトル」芸術文化勲章（シュバリエ位）受勲 フランス国内各地、コペンハーゲン、ロンドン、ミラノにブティックをオープン	
1985年	46歳	第3回　毎日ファッション大賞　大賞受賞 東京にケンゾー・パリ株式会社を設立。パリ本社JANGLE JAPをKENZO S.A.に社名変更 『高田賢三作品集』（文化出版局）を出版	

１９８６年	47歳	東京武道館で'85／'86 A／W「ケンゾー・ショー」を開催 「ケンゾー・ジーンズ」「ケンゾー・ジャングル」ラインをスタート ラスパイユ通りに初のメンズブティックをオープン	
１９８７年	48歳	フジサンケイグループ主催「夢工場・ケンゾー ショー」を東京新国技館および大阪府立体育館で開催（オーケストラ演出） 第一回メンズ大賞 ルイ賞 受賞 「ケンゾー・アンファン」（子ども服）をスタート ローマにブティック オープン	
１９８８年	49歳	ギャラリー・ラファイエットの日本展に出品 香水「ケンゾー」を発表	
１９８９年	50歳	ブリュッセルにブティックをオープン 仏シャンティイ城／姫路城姉妹城提携の橋渡しをする 姫路市制１００周年行事「ケンゾー IN HIMEJI」（姫路城三の丸広場）にて野外ファッションショー開催 「KENZO展」（姫路市立美術館）を開催 有楽町西武にて「Liberté KENZO展」開催 パリ右岸（11区）・バスティーユに敷地面積３００坪の日本庭園付家屋竣工 レンヌ通りに「KENZO STUDIO」をオープン	平成に改元 姫路市制１００周年 ベルリンの壁崩壊 フランス革命２００年 昭和天皇崩御
１９９０年	51歳	姫路市芸術文化大賞受賞 「ケンゾー・パリ20週年」を祝い、パリ国立美術学校を借り切りコレクションと記念パーティーを開催	
１９９１年	52歳	姫路キャスパホールの緞帳「黎明」のデザインを寄贈 ケンゾー・フレグランスのメンズラインを発表	バブル崩壊

年	年齢	事項	社会の出来事
1992年	53歳	パリ マドレーヌ広場に、メンズ、レディースのブティックをオープン 東京都・パリ市友好都市提携10周年記念行事の一環としてホテルパシフィック東京にて「KENZO '93春夏コレクション」を発表 香水「ETE」を発表 「KENZO MAISON」を発表	
1993年	54歳	新宝塚大劇場 こけらおとし星組公演 洋物レビュー(パルファム ドゥ パリ)の舞台衣裳を手がける KENZOブランドをLVMHに売却 賢三氏はデザイナーとしてKENZOブランドに残る	EU誕生
1994年	55歳	姫路城の世界文化遺産指定記念行事「キャスティバル'94」の一環として「'94/'95秋冬コレクション」を姫路市厚生会館で発表 夏至を祝うと同時に、香水「カシャヤ」発表のイベントとして、セーヌ川に掛かる「Pont Neuf(ポン ヌフ橋)」をベゴニアの花で飾る	英仏海峡トンネル開通
1995年	56歳	パリ・プランタンにて展示会「KENZO le monde est beau」を開催 ニューヨーク・マディソンアベニューにブティックをオープン 自動車メーカー ルノーから、KENZO版「トゥインゴ」を発表	阪神淡路大震災
1996年	57歳	香水「ローパー ケンゾー」を発表 ELLEマガジンと、パリの展覧会「L'art du jardin」にて日本式庭園を造る 第4回フランス映画祭横浜'96メインイベントとして「'96/'97秋冬レディース・メンズコレクション」を開催 香水「ジャングル」を発表	
1997年	58歳	産経新聞社・フジサンケイグループ主催 トーキョー・モード・プレス	

年	年齢	事項	社会
1998年	59歳	'97にて「'97／'98秋冬レディース・メンズコレクション」を開催 フランス政府より国家功労勲章「コマンドゥール・ド・ロルドル・デザール・エ・レトル」芸術文化勲章最高位（コマンドゥール位）受勲 東京・青山骨董通りにKENZO PARISの初のフラッグシップ・ブティックをオープン。	長野オリンピック開催
1999年	60歳	ニューヨークで国連平和賞（タイム・ピース・アワード）の'98年ファッション賞受賞 バスティーユ・オペラ座にて、ロバート・ウィルソン演出のオペラ「魔笛」の衣裳を手がける 紫綬褒章　受章 第43回日本エディターズクラブ「FEC賞」受賞 KENZOブランド離脱表明をし、全世界に衝撃を与える 「KENZO 30ANS」（J'ai déjà 30 ans）と題し2000春夏コレクションとともに、30年間の集大成のコレクションをLE ZENITHにて発表　3000人動員 30周年／60歳／2000年を区切りにKENZOブランドを退く 東京クリエイション大賞　受賞	
2000年	61歳	2000年〜世界各国の伝統文化を継承するデザイン活動開始 第38回日本エディターズクラブ「FECJ賞」特別賞　受賞 第22回繊研賞　特別賞　受賞 株式会社　髙田賢三　設立 東京クリエイション大賞　特別賞　受賞	
2002年	63歳	フランスPPR（ピノー・プランタン・ルドゥート）社とコラボレート「La Redoute」招待デザイナーとして　ブランド名「Yumé」でレディス・メンズプレタ、ハウスリネン、雑貨を展開	日韓ワールドカップ開催

2004年	65歳	アテネオリンピック日本選手団公式服装をデザイン パリ市よりパリ市大金賞受賞 新ブランド「GOKAN KOBO（五感工房）」を発表。のちに「TAKADA」に名称変更 「GOKAN KOBO（五感工房）」が「3 SUiSSES」とコラボレーション商品を発表 2004年～フランス・モロッコ・アルゼンチン・ウクライナ・ロシア・ドイツ・ベルギー・ギリシャにて絵画展開催 クリエーションにおける異業種とのコラボレーション等も手がけ、「バカラ（Baccarat）」とのコラボレーション「Lumière d'Asie」を発表	アテネオリンピック リーマンショック
2009年	70歳	モナコに住居を移す	
2015年	76歳	パリ左岸（6区）・セーヴル・バビロンに住居を移す フランス政府よりレジオンドヌール勲章「名誉軍団国家勲章」（シュバリエ位）受勲	
2016年	77歳	セブン&アイ・ホールディングス社傘下のそごう・西武およびイトーヨーカドーとのPBブランド「セット・プルミエ」を一年間限定で展開 「AVON（エイボン）」とコラボレーションし、フレグランス「エイボン ライフ」を発売	
2017年	78歳	第55回日本エディターズクラブ「FECJ賞」特別賞 ライフタイムアチーブメント 受賞 『夢の回想録』（日本経済新聞社）を出版	
2018年	79歳	Editions du Chêneより『KENZO TAKADA』を出版 アクリエひめじの緞帳デザインを寄贈 「AVON（エイボン）」と再度コラボレーションし「エイボン ライフ	

年	年齢	事項	社会の出来事
		カラー バイ ケンゾー タカダ」を発売	
2019年	80歳	文化庁・公益財団法人東京二期会主催／宮本亜門氏演出「オペラ蝶々夫人」のフルキャストの衣裳を手がける	令和に改元
2020年	81歳	HOME&LIFESTYLEの新ブランド「K三(ケイスリー)」をパリから世界に向け発表。パリサンジャルマンにショールームをオープン 10月4日パリにて、新型コロナウイルス感染症により他界 パリ市長が「パリの街は今日、私たちの息子の死を悼んでいる」とTwitterで追悼文を発表	新型コロナウイルス感染症(COVID19)が世界に蔓延し始める
2021年		デザイン画300点以上を収録した『高田賢三ファッションデザイン画アーカイブス』発売 「香川漆芸」とのコラボレーション漆器作製(家庭画報誌上)で発売 姫路市名誉市民の称号を受称 第39回 毎日ファッション大賞 特別賞受賞	東京オリンピック開催
2022年		ドイツ・ドレスデン・ゼンパーオーパー主催／宮本亜門氏演出「蝶々夫人」フルキャストの衣裳を手がける	
2023年		コペンハーゲン・ザ・ロイヤルデイニッシュ主催／宮本亜門氏演出、高田賢三衣裳「オペラ蝶々夫人」公演予定 サンフランシスコオペラ主催／宮本亜門氏演出、高田賢三衣裳「オペラ蝶々夫人」公演予定 「# KENZO TAKADA」(仮)ドキュメンタリー映画 公開予定	
2024年		毎日新聞社主催「高田賢三展(仮)」開催予定	

著者紹介

鈴木三月（すずき・やよい）

株式会社セ・シュエット代表取締役

1977年パリソルボンヌ大学、Institute Catholique短期留学後、パリ・プレタポルテ・オートクチュール協会の日本事務所に在籍。1983年、高田賢三創設ブランド「KENZO」のレディース・ライセンス会社である株式会社エルカに入社。KENZOブランドの広報担当として、高田賢三氏とのつきあいがスタート。1991年に株式会社パザパ（のちの株式会社セ・シュエット）アタッシェ・ドゥ・プレス会社を設立。ヨーロッパのファッションブランドのPRを主に手がけるとともに賢三氏（KENZOブランド）と広報活動契約を結ぶ。その後、賢三氏からのオファーにより、ビジネス面以外に、パーソナルマネージャーとして、彼のプライベート面もサポート。2020年に「ミニマライズ・プラス（Minimalize+plus）」（http://minimalize-plus.tokyo/）という自身のレディースファッションブランドをショップチャンネルにて立ち上げる。

口絵13ページのモノクロの高田賢三氏の顔写真は『KENZO高田賢三作品集』1985年 文化出版局より

高田賢三と私
――「パリの息子」とすごした37年間

二〇二三年 二月二七日 初版発行

著者 鈴木三月
発行者 花野井道郎
発行所 株式会社時事通信出版局
発売 株式会社時事通信社
〒一〇四-八一七八 東京都中央区銀座五-一五-八
TEL 〇三（五五六五）二一五五
https://bookpub.jiji.com/

印刷・製本 中央精版印刷株式会社
編集協力 小湊千恵美（株式会社レコオーランド FASHIONSNAP）
装幀・本文デザイン 重原 隆
企画協力 渡辺 圭
Special thanks 西原 歩
編集・DTP 天野里美

落丁・乱丁本はお取り替えいたします。
定価はカバーに表示してあります。

ISBN978-4-7887-1872-2 C0095 Printed in Japan

Kenzo Takada